La répression pénale au Cameroun à l'ère des TIC

Jean Simplice EBOKO

La répression pénale au Cameroun à l'ère des TIC

Préface de Sarah NANDJIP MONEYANG

L'Harmattan
Cameroun

5-7, rue de l'Ecole-Polytechnique - 75005 Paris
http://www.editions-harmattan.fr
ISBN : 978-2-336-55598-0
EAN : 9782336555980

Jean Simplice EBOKO

La répression pénale au Cameroun à l'ère des TIC

Préface de Sarah NANDJIP MONEYANG

L'Harmattan
Cameroun

5-7, rue de l'Ecole-Polytechnique - 75005 Paris
http://www.editions-harmattan.fr
ISBN : 978-2-336-55598-0
EAN : 9782336555980

DÉDICACE

À mes parents, feu SOOH Simon Jules, MOUKOKO Emmanuel et à ma douce mère, Sita NGUISSI Ruth.

REMERCIEMENTS

Je voudrais m'acquitter d'un devoir de gratitude envers toutes les personnes qui m'ont assisté dans ce projet d'écriture. Je pense à toute ma famille pour l'amour et l'affection qu'elle me porte, et plus spécialement à ma tendre et douce épouse, Sophie Eboko, à nos merveilleux enfants, ainsi qu'à mon brillant neveu, Damien Ulrich Tjeke Lipende.

Une pensée sincère au Professeur Titulaire des Universités, Sara Nandip Moneyang, pour son encadrement et au Professeur Moukoko Chantal pour ses conseils.

Une pensée particulière, au Docteur Zilack à Boé Yakoubou pour son infinie disponibilité et au Docteur Tana Ahanda Martine, pour ses remarques.

SOMMAIRE

SIGLES, ABRÉVIATIONS ET ACRONYMES

ADRESSE IP : numéro d'identification de chaque appareil connecté à un réseau utilisant le protocole Internet

ANTIC : Agence Nationale des Technologies de l'Information et de la Communication

ART : Agence de Régulation des Télécommunications

CENADI : Centre National de Développement de l'Informatique

CIRT : Computer Incidence Response Team

FAI : Fournisseur d'accès Internet

FAI : Fournisseur d'Accès Internet

GPS: Global Positionning System

IFC : Institut français du Cameroun

IRIC : Institut des Relations internationales du Cameroun

LIR : Registre Internet Locaux

LXP : Learning Expérience Platform

MINFOPRA : ministère de la Fonction publique et de la Réforme administrative

MINPOSTEL : ministère des Postes et Télécommunications

OPJ : Officier de Police judiciaire

PKI : Public Keys Infrastructure

RFID : Radio Frequency Identification

RFID: Radio Frequency Identification

TIC : Technologie de l'Information et de la Communication

UA : Union africaine

UIT : Union Internationale des Télécommunications

USLUCC : Unité spéciale de Lutte contre la Cybercriminalité et la Cybersécurité

PRÉFACE

Dès 1972, le doyen Jean Carbonnier soulignait que « l'évolution des mœurs et des techniques donne naissance à de nouvelles formes de délinquance » (cité par Romain BOOS, « Lutte contre la cybercriminalité au regard de l'action des États », thèse en vue de l'obtention du doctorat de droit privé et sciences criminelles, Université de Lorraine, 2017, p. 23.). C'est le cas des technologies numériques qui connaissent leur apogée au 21e siècle, donnant lieu à la création d'un cyberespace générateur de grandes mutations technologiques mondiales. Le Cameroun n'est pas resté indifférent aux turbulences nées de l'avènement de ces technologies qui occasionnent une cybercriminalité dangereuse, mais saisissable. L'adoption de la loi N°2010/12 du 12 décembre 2010 relative à la cybersécurité et la cybercriminalité est une réponse à l'inquiétude soulevée par ce phénomène. Il faut donc d'emblée saluer l'ambition et le courage de l'auteur qui s'attaque à cette matière subtile et met en exergue non seulement la nécessité de la répression, mais aussi les moyens de celle-ci.

Le choix d'un ouvrage sur la répression de la cybercriminalité permet de décrypter les nombreux obstacles qui jonchent le chemin de la révolution technologique avec les avantages indéniables qu'elle regorge. L'auteur s'engage alors dans une réflexion prospective en vue d'apporter une contribution à une répression plus efficace du phénomène de la cybercriminalité.

Magistrat en fonction et parfaitement au courant des infractions cybernétiques, Monsieur Jean Simplice EBOKO aborde le sujet avec beaucoup d'aisance.

La première partie présente la répression des cyberinfractions au Cameroun comme une réalité avec laquelle il faut désormais vivre. L'incrimination des cyberinfractions en droit pénal camerounais est la conséquence de son adaptation aux infractions classiques et celles spécifiquement liées à l'usage des TIC.

La seconde moitié de l'ouvrage souligne que le Cameroun a reconnu le risque et la menace de la cybercriminalité sur son territoire en adoptant des mesures législatives spécifiques pour prévenir les infractions commises en ligne. Cependant, il est important de noter que la lutte contre la cybercriminalité est un processus à long terme, d'où les suggestions de l'auteur pour un combat encore plus difficile.

L'ouvrage rédigé dans un style simple et digeste est d'une grande utilité aussi bien pour les chercheurs, les étudiants, que pour les praticiens à l'épreuve des solutions concrètes aux problèmes de cybersécurité et de cybercriminalité.

Pr. Sarah NANDJIP MONEYANG
Professeur titulaire des universités.

INTRODUCTION GÉNÉRALE

L'émergence de l'État dans sa forme actuelle est sans doute le résultat d'une gestation laborieuse[1]. Plusieurs études ont été consacrées sur le sujet. S'il est constant que chacune y va à sa manière, il est surtout intéressant de constater que, si ce n'est toutes, une bonne partie s'accorde sur un point : l'émergence de la société moderne a été précédée par ce qu'il a été convenu d'appeler « l'état de nature »[2]. À cet égard, il ressort de l'état de nature que la lutte de chacun pour sa survie met incessamment en danger la vie de tous.

En effet, pour les tenants de la pensée libérale défendue par des auteurs, tels que l'économiste Frédéric Bastiat[3], l'État a pour fonction principale de protéger les atteintes

---

[1] Ceci au regard des différents développements scientifiques qui ont été faits à ce sujet.

[2] L'État de nature désigne selon les théoriciens du contrat, une situation dans laquelle l'humanité se serait trouvée avant l'émergence de la société, de l'État et du droit positif. Il se traduit par l'absence de règles, seule la loi du plus fort règne. Pour Hobbes, l'état de nature est un état de guerre de chacun contre chacun. Il importe de souligner qu'il s'agit de l' « état plus hypothétique qu'historique d'une humanité sans organisation sociale et dans laquelle les individus seraient réduits à leurs forces individuelles, pouvant les exercer sans contrainte », dans ce sens, lire HOBBES (T), *Le Léviathan : traité de la matière, de la forme et du pouvoir de la République ecclésiastique*, London, 1651, p.10 et suivants ; ANGOULVENT (AM), *Description de l'état de nature dans le Léviathan*, in HOBBES ou la crise de l'État baroque, PUF, Paris, 1992, p.42.

[3] Voir BASTIAT (F), *L'État ou la grande illusion*, Collection la faute à Voltaire numéro 6, Arfuyen, 2017, p.95 et suivants.

aux Droits naturels des individus, notamment la liberté, la propriété et la sûreté. Il remplit essentiellement des missions de police, de défense et de justice[4]. Pour ce faire, il doit se doter d'instruments à la fois institutionnels et normatifs en vue d'assurer la sécurité des biens et des personnes sur son territoire.

À cet égard, conformément aux fonctions assignées à l'État par les défenseurs de la pensée libérale, le Cameroun a su se doter des instruments nécessaires afin de garantir la sécurité de ses citoyens ainsi que celle des biens. C'est le cas précisément à travers l'élaboration de sa politique criminelle, définie comme l'ensemble des procédés par lesquels la société organise des réponses au phénomène criminel[5]. Historiquement, il convient de noter que la formation du droit pénal camerounais, entendu comme branche du droit ayant pour objet l'étude de l'incrimination et la répression par l'État des agissements de nature à créer le trouble dans la société, a connu de nombreuses influences, ce qui au terme a permis la construction d'un droit pénal autonome et authentique[6].

En effet, entre influences du droit traditionnel[7], du droit hérité des puissances coloniales[8] et la réception des principes modernes résultant de la Déclaration des droits de l'homme et du citoyen, le droit pénal s'est ouvert à un

[4] Lire La fonction de l'État est-elle de nous protéger ? sur https://www.annabac.com/annales-bac/la-fonction-de-l-État-est-elle-de-nous-proteger, consulté le 15 janvier 2024 à 18h36mins.

[5] DELMAS-MARTY (M.), *Modèles et mouvements de politique criminelle*, Paris, Economica, 1983, p. 13, citée par BIKIE (F.R.), « Le droit pénal à l'aune du paradigme de l'ennemi, Réflexion sur l'État démocratique à l'épreuve de la loi camerounaise n° 2014/028 du 23 décembre 2014 portant répression des actes de terrorisme », Revue des droits de l'homme, N° 11, 2017, p.10.

[6] *Ibid.*

[7] Celui pratiqué dans les années précédant la « colonisation ».

[8] Avec une préférence pour le modèle français.

consensus selon lequel l'imposition des sanctions à l'encontre des personnes ayant adopté des comportements antisociaux devrait présenter un équilibre entre les impératifs de répression et la prise en compte des droits de l'homme. C'est dans cette perspective que le Cameroun s'est doté de règles de procédure et de fond, dont les plus récentes sont la loi N°2005/007 du 25 juillet 2005 portant code de procédure pénale et la loi N° 2016/007 du 12 juin 2016 portant code pénal. Cependant, depuis quelques années, la politique criminelle camerounaise est en proie à de nouveaux phénomènes qui tendent à ébranler son socle fondateur. C'est le cas des infractions commises à l'ère des TIC encore appelées, la cybercriminalité.

En effet, comme l'affirmait déjà en 1972, le doyen Carbonnier *« l'évolution des mœurs et des techniques donne naissance à de nouvelles formes de délinquance »*[9], Raymond Gassin pense que la plupart des grandes mutations technologiques ont *« presque toujours engendré, à côté des progrès économiques qu'elles procurent à l'humanité, des retombées négatives parmi lesquelles figure en bonne place l'avènement de nouvelles formes de criminalité. Internet n'échappe pas à cette loi sociologique du développement »*[10].

De fait, les technologies numériques connaissent leur apogée au 21e siècle, donnant ainsi lieu à la création d'un cyberespace entendu comme *« un ensemble de réseaux de commerciaux, réseaux publics, réseaux privés, réseaux d'enseignement, réseaux de services, qui opèrent à*

---

[9] CARBONNIER (J), *Sociologie juridique*, édition A. Colin, 1972, éditions PUF, coll. Thémis, Paris, 1978, Refondue coll. Quadrige, 1994 et 2004.

[10] GASSIN (R), Le *droit pénal de l'informatique*, DS, 1986, chron, p.35.

l'échelle planétaire »[11]. Dès lors, si les TIC présentent plusieurs avantages, notamment, qu'elles favorisent l'accès à la culture et à la connaissance, de même qu'elles permettent les échanges entre les personnes par-delà les frontières, éliminant ainsi la distance. De plus, il est possible grâce aux TIC de constituer une économie en ligne. En tout, les technologies numériques sont porteuses d'innovations et de croissance et constituent un véritable levier de développement. Il est toutefois à noter qu'elles génèrent de nombreuses *« failles nouvelles, sources de menaces et de risques, portant la criminalité à une expertise plus poussée, engendrant de ce fait ce que l'on nomme " la cybercriminalité" »*[12]. En gros, Internet apparait non seulement comme le lieu indiqué pour l'accomplissement des crimes et délits dits classiques, mais il favorise aussi le développement de la criminalité informatique[13].

Dès lors, le droit pénal substantiel des États du monde en général et en particulier le droit pénal substantiel camerounais est désormais confronté à un nouveau phénomène qu'il ne peut ignorer. La nécessité de cette intervention se justifie d'autant plus que la forte augmentation des infractions commises sur Internet témoigne de l'intérêt particulier que leur impact financier suscite auprès des criminels du web[14].

---

[11] LEBERT (M-F), *De l'imprimé à l'Internet*, Thèse de Doctorat, Paris, éditions Minuit, 1999, p.20.

[12] TEPI (S), *La cybercriminalité au Cameroun : enjeu d'une législation en quête d'efficacité*, L'Harmattan, 2020, p.15.

[13] *Ibid.*

[14] En effet, selon les dernières estimations, la cybercriminalité a engendré un préjudice estimé à « 1000 milliards de dollars en 2008, soit environ 1,64/100 du PIB mondial. Ces couts devraient passer à plus de 2100 milliards d'ici à 2021. Sur ce sujet, lire : étude réalisée par l'éditeur d'antivirus McAfee présentée au Forum économique mondial de Davos en Suisse ; lire aussi le rapport SafeNet 2014, et

C'est tout ceci qui a d'ailleurs motivé la mobilisation des États avec pour objectif de mettre sur pied une structure normative et institutionnelle dont l'action consistera en la répression efficace de ce phénomène. Dans cette veine, le Cameroun, à la suite d'autres États africains[15], a montré sa détermination à venir à bout de cette nouvelle forme de criminalité. À cet effet, il s'est doté des instruments à la fois institutionnels et juridiques destinés à la répression de la cybercriminalité. Il a dans ce sillage adopté une loi sur la cybersécurité et à la cybercriminalité. La loi N°2010-12 du 12 décembre 2010 relative à la cybersécurité et à la cybercriminalité définit et réprime les infractions liées à l'utilisation des technologies de l'information et de la communication au Cameroun.

Il s'est également doté des instruments institutionnels, au rang desquels on compte l'Agence nationale des technologies de l'information et de la communication (ANTIC) et l'Agence de régulation des télécommunications (ART). L'ANTIC est créé par décret présidentiel n°2002/092 du 08 avril 2002, qui lui assigne la mission globale de promotion et de suivi de l'action des pouvoirs publics dans le domaine des TIC.

Dès lors, nonobstant cette prise en compte par le législateur camerounais du phénomène criminel que constitue la cybercriminalité tendant à le réprimer, force est de constater que de nombreux obstacles obstruent la mise en œuvre de cette dynamique. Résultat à la fois de la nature de ce phénomène criminel caractérisé par sa

---

PEREIRA(B), La responsabilité pénale des entreprises et de leurs dirigeants, EMS, 2011, p.17. Voir aussi TEPI (S), op.cit, note 20, p.20.

[15] Voir au Sénégal, la Loi N°2008/11 du 25 janvier 2008 portant sur la cybercriminalité ; en Algérie, la Loi N°09-04 du 5 août 2009 portant règles particulières relatives à la prévention et à la lutte contre les infractions liées aux technologies de l'information et de la communication.

transnationalité, son immatérialité, sa volatilité et l'anonymat de ses acteurs, et davantage par l'inadaptation de la législation pénale camerounaise par rapport aux particularités de la délinquance numérique. Notre étude se situe donc dans une logique prospective dans le but d'apporter notre contribution en vue d'une répression plus efficace de la cybercriminalité. Elle porte sur l'analyse de ***« la répression pénale au Cameroun à l'ère des TIC »***.

La dimension socio-économique est un mélange des sciences économiques et de la sociologie. Elle vise à intégrer les outils des sciences économiques avec ceux de la sociologie afin d'examiner l'évolution économique des sociétés. Dans le cas d'espèce, les raisons socio-économiques qui ont justifié le choix de ce sujet tiennent compte à la fois de l'impact de la criminalité numérique sur l'économie des différents pays et sur les conséquences de la cybercriminalité sur la société. En effet, sur le plan économique, la cybercriminalité est la cause d'un préjudice financier énorme sur l'économie mondiale. Sur le plan social, la cybercriminalité sous ses différentes formes est, de par ses manifestations, la cause de plusieurs suicides et de la paupérisation de nombreuses personnes. Dans ce sens, le choix de cette thématique témoigne de notre volonté de contribuer à la lutte contre ce phénomène.

Du point de vue scientifique, notre intérêt pour ce sujet part du constat que la dynamique de répression de la cybercriminalité est en proie à de nombreuses limites. Notre ambition à travers le choix de ce sujet est de proposer des solutions susceptibles de favoriser une répression efficace de ce phénomène.

En ce qui a trait aux motivations d'ordre pratique, nous avons choisi cette thématique, car l'ensemble du personnel judiciaire s'accorde pour dire que le traitement des affaires liées à la cybercriminalité ne se fait pas de manière optimale en raison d'obstacles qui relèvent à la fois de la nature de ces infractions et même des lacunes propres à ce dernier. Nous menons cette réflexion dans l'optique d'apporter notre contribution dans la répression de cette infraction qui tend à prendre de l'ampleur.

La détermination du champ spatial revêt un intérêt indéniable. Dans cette optique, Jean-Louis BERGEL écrivait à ce propos que « le phénomène juridique se développe dans l'espace... il a d'abord besoin d'être localisé dans l'espace en un lieu donné déterminé »[16].

À cet effet, le Cameroun constitue l'espace dans lequel ce travail de recherche va être effectué. Ce qui induit l'usage de la législation, de la règlementation et de la jurisprudence camerounaise ainsi que de la pratique et des usages appliqués au Cameroun. À l'occasion et à titre de droit comparé, nous pourrons convoquer les réalités d'autres ordres juridictionnels. Et puisque, *« le droit ne peut ignorer la réalité du temps, c'est-à-dire le moment ou la durée d'une situation juridique »*[17], il en découle que toute étude sur une question d'ordre juridique se doit de prendre en compte les données temporelles. Tel est le cas de la présente.

Avec l'essor des technologies de l'information et de la communication, l'on a assisté à l'avènement d'une nouvelle forme de criminalité qui se réalise ou est favorisée par les TIC ou qui prend les TIC pour cibles. C'est cette criminalité numérique qu'on désigne cybercriminalité.

Les conséquences de cette dernière ont poussé les États, à mettre en place un cadre adéquat de lutte contre les phénomènes cybercriminels. C'est le cas du Cameroun, qui,

---

[16] BERGEL (J-L.), *Théorie générale du droit*, 2e édition, Dalloz, 1989, p.131.
[17] BERGEL (J-L.), *Théorie générale du droit*, *op.cit., p.20 et suivants.*

en date du 12 décembre 2010, s'est doté d'une loi relative à la cybersécurité et la cybercriminalité.

De ce fait, l'étude de la répression pénale au Cameroun à l'ère des TIC s'étalera de l'année 2010 à nos jours. L'année 2010 correspond justement à l'année au cours de laquelle le Cameroun s'est doté d'un instrument législatif relatif à la cybercriminalité, tandis que nous conduisons cette étude en 2021. Il s'agit donc d'un intervalle suffisant pour mener cette étude et donner lieu à des conclusions soutenables. Dans le même ordre d'idée, la clarification des concepts reste une étape indispensable, qui nous permet d'avoir une vue d'ensemble du sujet, renforcer la clarté et la cohérence de la thématique, ce qui nous éloignerait de toute confusion, Émile DURKHEIM souligne d'ailleurs que *« Les mots de la langue usuelle, comme les concepts qui expriment sont toujours ambigus et le savant qui les exploiterait tel qu'il les reçoit de l'usage sans leur faire subir d'autres élaborations s'exposerait aux plus graves confusions»*[18]. *Dès lors, la* répression : d'après le dictionnaire, Larousse est un nom féminin, vient du latin « *repressum* » dérivé du verbe « *reprimere* », qui signifie réprimer. Il traduit l'action de réprimer, de punir. En d'autres termes, la répression est l'action qui consiste à exercer une contrainte grave, des violences sur quelqu'un ou un groupe afin d'empêcher le développement d'un désordre[19].

De l'autre côté, l'adjectif qualificatif pénal, issu du latin *« poenalis »* et « *poena* », est relatif aux sanctions ou peines

[18] DURKHEIM (E), *Le suicide*, Paris, PUF, 1930, p.2.

[19] Voir définition de répression sur https://www.larousse.fr/dictionnaires/francais/r%C3%A9pression/68493.

que peuvent encourir les auteurs de contravention, délit ou crime[20].

En définitive, la répression pénale peut être définie comme l'action de sanctionner au moyen des peines, les comportements antisociaux encore appelés infractions. Elle renvoie en d'autres termes à ce qu'on appelle la sanction pénale. Par-là, il faut entendre toutes mesures, même réparatrices prononcées à raison de la violation d'une obligation.

À la base, la sanction pénale n'avait qu'une vocation punitive. Cela s'entend par l'infliction d'une souffrance à l'auteur de l'infraction. Cela met en exergue l'idée selon laquelle le délinquant a posé un acte contraire à la loi pénale, en contrepartie, il doit subir la sanction pénale pour garantir la stabilité sociale. On parle souvent de justice pénale rétributive. Cependant, avec le mouvement positiviste et la défense sociale, d'une part, ainsi que la montée en puissance des droits de l'homme, d'autre part, l'idée de resocialisation a fait surface. Elle signifie qu'une personne est d'abord sortie de la société parce qu'elle a posé un acte désapprouvé et qu'après un certain temps, cette personne retourne dans la société.[21]

Par ailleurs, le terme « technologies de l'information et de la communication » est une expression, principalement utilisée dans le milieu universitaire, pour désigner le domaine de la télématique, soit les techniques informatiques, audiovisuelles, multimédias, d'Internet, de transmission par ondes radio, etc., qui permettent aux utilisateurs de communiquer, d'accéder aux sources

---

[20] Voir définition de pénal sur https://www.larousse.fr/dictionnaires/francais/p%C3%A9nal/59154.

[21] MONEBOULOU (H-M), « Séminaire de droit pénal et sciences criminelles sur le thème : LA SANCTION PÉNALE ET LE DROIT PÉNAL », Université de Douala, année académique 2020/2021, inédit.

d'information, de stocker, de manipuler, de produire et de transmettre l'information sous diverses formes : du texte à la musique, en passant par le son, l'image, la vidéo et l'interface graphique interactive (IHM).

Le grand dictionnaire terminologique de l'OQLF définit les technologies de l'information et de la communication comme étant un *« Ensemble des technologies issues de la convergence de l'informatique et des techniques évoluées du multimédia et des télécommunications, qui ont permis l'émergence de moyens de communication plus efficaces, en améliorant le traitement, la mise en mémoire, la diffusion et l'échange de l'information »*[22]. Cette définition est beaucoup plus complète que la précédente en tenant compte de la convergence numérique dans son ensemble. Elle reflète davantage le point de vue des institutions internationales qui considèrent les technologies de l'information et de la communication comme étant l'intégration des techniques des télécommunications, de l'informatique, des multimédias et de l'audiovisuel. La diffusion rapide des accès à l'Internet à haut débit a permis une explosion des usages des services audiovisuels qui prennent une importance accrue dans le concept des TIC, non seulement au niveau de la communication, mais aussi au niveau de la gestion des informations et des connaissances et au niveau de leur diffusion. Cette extension du concept des TIC est à l'origine de nombreux débats en raison de l'importance de son impact sur la société[23].

En gros, la répression pénale à l'ère des TIC renvoie à l'action de sanctionner au moyen des peines principales ou accessoires la commission de toute infraction au moyen des TIC. Ce qui, en d'autres termes, renvoie au concept de

---

[22] Grand dictionnaire terminologique de l'OQLF [archive].

[23]https://fr.wikipedia.org/wiki/Technologies_de_l%27information_et_de_la_communication#cite_note-9.

cybercriminalité qui désigne une activité criminelle qui cible ou utilise un ordinateur, un réseau informatique ou un appareil mis en réseau.

Ainsi, certains auteurs se sont prononcés sur cette question. Dans son ouvrage intitulé *Le traitement de la cybercriminalité devant le juge : l'exemple du Sénégal,* Papa Assane TOURE, partant du cas particulier de son pays, le Sénégal, fait le constat que le traitement de la cybercriminalité devant le juge est d'une contribution substantielle à la qualification des cyberinfractions. Mais cette contribution est mitigée dans la mise en œuvre des infractions, notamment à travers le recours marginal aux moyens d'investigation et la faible implication du juge dans la coopération internationale. Dès lors, partant du postulat selon lequel la réalité juridique et judiciaire est pratiquement identique entre le Cameroun et le Sénégal, nous pensons que cet ouvrage peut être d'une contribution en vue de mener à bien cette étude.

Dans sa note d'orientation N°NTIS/002/2014, la Commission économique pour l'Afrique des Nations Unies dresse le portrait de la réalité de la cybercriminalité en Afrique. Selon cette institution, en raison des défis multiples de la cybercriminalité en Afrique, celle-ci a un impact économique non négligeable dans ce continent. Partant de ce constat, la Commission économique pour l'Afrique fait quelques recommandations dans l'optique de voir l'Afrique relever les défis auxquels elle fait face. Notre étude est dans cette même logique : dresser un portrait de la répression de la cybercriminalité au Cameroun et y apporter quelques solutions tirées de l'expérience d'autres pays.

Dans son ouvrage intitulé *Les problèmes juridiques contrariant la répression internationale de la cybercriminalité : Limites à l'efficacité de la lutte*, Edi Donal KUATE GNOWA fait le constat selon lequel la réponse internationale à la cybercriminalité présente plusieurs limites normatives et institutionnelles. C'est pour cette raison qu'il propose des pistes de solution susceptibles d'améliorer la prise en compte de la cybercriminalité.

Samuel TEPI, a publié un ouvrage intitulé *La cybercriminalité au Cameroun : enjeux d'une législation en quête d'efficacité.* Cet ouvrage, fait état de ce que la cybercriminalité est l'une des formes de délinquance qui connait actuellement la croissance la plus forte au Cameroun. Toute chose qui a poussé le législateur à s'adapter et adopter une nouvelle loi visant à sanctionner cette nouvelle forme de criminalité. Il consacre la première partie de son travail, à la modernisation des instruments de répression de la cybercriminalité à travers l'adoption d'incriminations nouvelles spécifiques aux TIC et l'adaptation des incriminations classiques aux TIC. Par ailleurs, dans la deuxième partie, il démontre dans quelle mesure il est possible d'améliorer la procédure pénale contre la cybercriminalité. Pour ce faire, il propose l'aménagement des instruments probatoires classiques, l'institution de nouvelles procédures et l'accentuation de la coopération face aux menaces sécuritaires.

Conscient des conséquences socio-économiques incalculables de la cybercriminalité, le Cameroun a manifesté sa détermination à barrer la voie à ce phénomène criminel d'un autre genre à travers l'intégration, dans sa politique criminelle, des instruments à la fois normatifs et institutionnels destinés à la répression de la cybercriminalité. Dix (10) années après l'adoption de la loi relative à la cybersécurité et à la cybercriminalité, il convient de s'interroger que **l'état de la répression des infractions liées aux TIC au Cameroun ?**

Cette question, qui meuble notre étude, se subdivise en deux sous questions à savoir :

- L'examen du système répressif camerounais témoigne-t-il de la prise en compte des infractions liées aux TIC ?
- Quelles sont les contraintes liées à une meilleure répression pénale de la cybercriminalité[24] au Cameroun ?

Cela étant, l'examen du système répressif camerounais témoigne effectivement d'une prise en compte des infractions liées aux TIC. En effet, dans l'optique de faire face à ces fléaux contemporains, le Cameroun s'est engagé dans une entreprise normative qui a permis la réalisation d'une incrimination à la fois spécifique et adaptée des cyberinfractions, et à la mise en œuvre d'importants dispositifs de répression dont l'ambition est de donner aux citoyens et aux différents acteurs du système répressif, des outils leur permettant de combattre efficacement les cyberinfractions. Mais, il faut admettre que cette prise en compte reste perfectible, car elle est insuffisante ou entravée par plusieurs obstacles majeurs. Ce qui nécessite une réflexion conduisant à des pistes de solution susceptibles d'inspirer plus d'un État.

Le système répressif camerounais prend effectivement en compte des infractions liées aux TIC. Ceci s'illustre justement à travers le constat évident de l'incrimination des infractions liées à la cybercriminalité. C'est le cas notamment de l'identification d'un cadre normatif général et spécifique à la cybercriminalité. De même que la

---

[24] Elle est définie comme étant l'ensemble des infractions pénales commises sur les réseaux de télécommunication. Elle cadre différents types d'infractions qui sont fortement liées aux TIC. La cybercriminalité prend en compte deux types d'infractions. On parle de la cybercriminalité classique, c'est-à-dire celle qui regroupe les infractions facilitées par les TIC et la cybercriminalité spécifique, qui appartient à la catégorie dont l'outil informatique est l'objet de l'infraction.

consécration des techniques de mise en œuvre de cette répression témoigne de cette prise en compte.

Toutefois, la répression de la cybercriminalité au Cameroun se heurte à plusieurs obstacles. En effet, au regard de sa complexité et de l'évolution rapide des technologies, la cybercriminalité a pris de court le système répressif camerounais, qui visiblement ne s'y était pas du tout préparé. Un tel constat nous permet d'affirmer que les pesanteurs qui entravent l'efficacité de la répression pénale de la cybercriminalité au Cameroun sont à la fois d'ordres institutionnels et normatifs.

L'étude de la répression pénale à l'ère des TIC au Cameroun est porteuse d'un intérêt à la fois scientifique, socio-économique et pratique.

Sur le plan scientifique, conscients des conséquences socio-économiques incalculables de la criminalité numérique, les États qui forment la communauté internationale ont décidé de barrer la route à l'émergence de cette nouvelle forme de criminalité. C'est à cet effet qu'ils se sont réunis en 2001 à Budapest (Hongrie), adoptant ainsi, le 23 novembre 2001, la Convention sur la cybercriminalité entrée en vigueur le 1er juillet 2004.

La communauté internationale cherche par cette convention, qui est la première du genre, à aborder la criminalité informatique par des moyens juridiques. Elle vise à harmoniser certaines lois nationales, à améliorer les techniques d'enquête et à renforcer la coopération entre les États.

Le Cameroun, fidèle à ses engagements internationaux, s'est attelé à se doter des instruments pertinents afin de réprimer de manière efficace la cybercriminalité. Ainsi, le 8 avril 2002, par décret n° 2002/092 du 8 avril 2002, le Chef de l'État crée l'Agence Nationale des Technologies de l'Information et de la Communication et lui confie la mission globale de promotion et de suivi de l'action des pouvoirs publics dans le domaine des TIC. Le 21 décembre 2010, il promulgue les lois n° 2010/012 relative à la cybersécurité et à la cybercriminalité au Cameroun et n°2010/013 régissant les communications électroniques au Cameroun. En plus des instruments précédemment évoqués, la répression de la cybercriminalité au Cameroun sur le code de procédure pénale de 2005 ainsi que sur l'action des forces de police et de sécurité et le rôle des juridictions dont la formation est relativement adaptée à la connaissance de la criminalité informatique.

Cependant, compte tenu de l'évolution constante et accélérée des TIC, il est douteux de croire que, par le biais de cette législation plus ou moins ancienne, de l'intervention des forces de police et de sécurité, ainsi que des juridictions, le Cameroun sera en mesure d'apporter une réponse efficace à ce phénomène criminel qui fait tant parler de lui.

Sur le pan socio-économique, selon l'OCDE, la cybercriminalité renvoie à *« tout comportement illégal ou contraire à l'éthique ou non autorisé qui concerne un traitement automatique des données et/ou la transmission des données »*[25]. Il s'agit d'une activité criminelle qui cible ou utilise un ordinateur, un réseau informatique ou un appareil mis en réseau. Selon une étude, 3025 milliards d'internautes, soit 42 % de la population mondiale, disposent d'un accès Internet[26].

---

[25]PEREIRA (B), « La lutte contre la cybercriminalité : de l'abondance de la norme à sa perfectibilité », *Revue internationale de droit économique,* 2016/3 (t. XXX), pp. 387-409.

[26] Eurostat, « Statistiques sur la société de l'information-entreprises », juin 2015 : en 2013, 96 % des entreprises employant au moins 10 salariés avaient un accès Internet.

Même si ses chiffres ne sont pas connus avec exactitudes, compte tenu de la difficulté de la mesure, certaines études ont essayé de dresser un bilan. Par exemple, sur le produit criminel mondial brut de 1000 milliards de dollars annuels (faits découverts et constatés par les autorités), soit 20 % du commerce mondial dans les années deux mille, 200 milliards de dollars concernent les profits issus du piratage informatique. Certaines études ont révélé que plus d'un milliard vingt-trois millions de données ont été soustraites durant l'année 2016. Ces opérations de vol de données ayant pour victimes les États et les entreprises (Sony, eBay, Areva, Total…) ont pu être réalisées par l'intermédiaire de milliers d'opérations d'intrusion dans les systèmes. De même, les usurpations d'identité représentent 54 % des attaques informatiques[27]. Les secteurs d'activité les plus touchés par la cybercriminalité sont la vente de détail et les services financiers[28].

Les résultats qui précèdent témoignent clairement de l'urgence qu'il y a de se mobiliser afin de faire évoluer les normes en vue d'une répression efficace de la cybercriminalité. Du point de vue socio-économique, cette étude est intéressante, car elle contribue à la sécurisation des intérêts de toutes les parties prenantes.

Sur le plan pratique, l'action pénale poursuit plusieurs objectifs parmi lesquels la répression des infractions. Elle fait intervenir plusieurs acteurs qui peuvent être regroupés dans deux corps distincts. On a d'une part, le corps de la magistrature, dans lequel on trouve, le procureur de la République qui le met en mouvement[29], le juge d'instruction et le juge qui connait l'affaire au fond. D'autre

---

[27] TEPI (S), *op. cit*, p.15.

[28] PEREIRA (B), *op. cit.*, note 41.

[29] Voir l'article 60 du code de procédure pénale du Cameroun.

part, on a le corps des forces de police et de sécurité, qui travaillent de concert avec les premiers, dont le rôle est entre autres *de « a) de constater les infractions, d'en rassembler les preuves, d'en rechercher les auteurs et complices et, le cas échéant, de les déférer au parquet ; b) d'exécuter les commissions rogatoires des autorités judiciaires ; c) de notifier les actes de justice ; d) d'exécuter les mandats et décisions de justice »*[30].

Notre étude s'articulera autour de deux parties ; la première nous permettra de voir que la répression des cyberinfractions au Cameroun, est une réalité (Première partie). Cependant, compte tenu de certaines contraintes matérielles, il est essentiel de relativiser l'état de la répression de la cybercriminalité au Cameroun en admettant que celle-ci fasse l'objet d'un traitement perfectible (Seconde Partie).

[30] Voir l'article 82 du code de procédure pénale du Cameroun.

PREMIÈRE PARTIE :

La répression de la cybercriminalité au Cameroun : une réalité

Comme l'Amérique du 19e siècle, terre du meilleur et du pire[31], la planète Internet fascine, séduit et inquiète à la fois. En quelques années de décennies seulement, le développement du numérique dans la société produit des effets qui ne se limitent plus dans le domaine du virtuel, mais s'étendent à un nombre croissant de secteurs. La cybercriminalité, qui n'épargne aucun domaine de la vie, entraîne des conséquences perceptibles sur sa traduction dans le cadre juridique (Chapitre I), dans la mesure où, comme à chaque mutation technologique majeure, les règles du jeu social et les comportements de tous changent de format. Et c'est bien ce qui justifie la saisie de cette infraction par le législateur au Cameroun (Chapitre II).

[31] Cohen (L), *Democracy : the cradle of the best and the worse*, éd économica, 2010, p. 30.

CHAPITRE I :

Le constat évident de l'incrimination des cyberinfractions en droit pénal camerounais

L'incrimination se définit comme étant une mesure de politique criminelle, consistant pour l'autorité compétente à ériger un comportement déterminé comme étant une infraction, en déterminant les éléments constitutifs de celle-ci et la peine applicable. Elle est une conséquence du principe de la légalité des peines et des délits, énoncé dans la Déclaration des droits de l'homme et du citoyen, la déclaration universelle des droits de l'homme ainsi que l'article 17 du Code pénal camerounais.

Le principe de la légalité des délits et des peines est la garantie fondamentale des droits de la personne devant les juridictions répressives. Il s'énonce par l'adage *nullum crimen, nulla poena sine lege* : il n'y a pas de crime, il n'y a pas de peine sans une loi qui les prévoie.

C'est partant de ce postulat que le législateur camerounais, à la suite d'autres États africains[32], a promulgué une loi en décembre pour qualifier et réprimer avec sévérité les crimes commis à l'aide des TIC (Section II). Par ailleurs, il a procédé d'une ingénierie juridique consistant en l'adaptation des infractions classiques aux TIC (Section I).

---

[32] C'est le cas du Sénégal avec la Loi N°2008-11 du 25 janvier 2008 portant sur la cybercriminalité ; de l'Algérie avec la Loi N° 09-04 du 5 août 2009 portant les règles particulières relatives à la prévention et à la lutte contre les infractions liées aux technologies de l'information et de la communication.

Section I : l'adaptation des incriminations classiques aux TIC

Avant la loi de 2010 sur la cybercriminalité, les juges camerounais manquaient de base juridique pour connaitre des infractions relatives aux TIC. Cependant, compte tenu de l'interdiction qui leur est faite de refuser de statuer sous prétexte de vide juridique au risque d'être reconnus coupables de déni de justice, il a fallu procéder à une ingénierie juridique aboutissant à la création d'une assiette des cyberinfractions. Pour ce faire, ils ont procédé à l'adaptation des actes infractionnels classiques au particularisme de la cybercriminalité à travers une extension de l'objet des infractions contre les biens (Paragraphe I) et par un élargissement de l'objet des infractions contre les bonnes mœurs (Paragraphe II).

Paragraphe I : l'élargissement de l'objet des infractions contre les biens

Les législations africaines inspirées du Code pénal français sont orientées vers la protection pénale des biens corporels à l'exclusion des biens immatériels[33]. En effet, selon Georges VERMELE, le droit pénal considère fondamentalement l'infraction sous l'angle de son élément matériel. Or, avec l'évolution technologique, nous sommes passés à ce qu'on a convenu d'appeler « l'ère de la dématérialisation ». Toute chose qui est de nature à poser à ce droit de nouvelles questions.

Dans ce contexte, l'auteur est d'avis qu'il n'est peut-être pas nécessaire de repenser le droit pénal, mais de penser à la manière de remplir la mission de protection dans un contexte auquel il n'était pas préparé. C'est à ce niveau que

---

[33] VERMELE (G), « L'immatériel et la répression », *in* « l'immatériel et le droit », *arch Phil. Dr* ; t.43, p.235.

situe le génie du législateur camerounais faisant un élargissement de l'objet des infractions contre les biens aux TIC.

En effet, l'avènement de la société de l'information, ayant fini par hisser l'information numérisée au statut de « bien » marchand ayant une valeur stratégique très convoitée dans les rapports humains, la protection pénale générale des informations numérisées (données d'entreprise, fichiers de clientèle, numéro de carte de crédit, etc.) était devenue un enjeu stratégique de la lutte contre la cybercriminalité.

À cet effet, le législateur camerounais a entrepris une politique de protection générale de l'information par la répression du vol de données informatiques (A) et de l'escroquerie en ligne (B).

A. Le vol des données informatiques

Le vol est une infraction définie comme *« la soustraction frauduleuse de la chose d'autrui »*[34]. En d'autres termes, c'est le fait de se saisir de manière frauduleuse de quelque chose qui appartient à quelqu'un d'autre. Elle est réprimée au Cameroun en vertu des dispositions des articles 318, 319 et 320 du Code pénal[35].

Cependant, comme nous l'avons constaté avec Georges VERMELE, les législations pénales des États africains d'inspiration française sont orientées vers la protection pénale des biens corporels ou matériels à l'exclusion des biens immatériels. Pour reprendre l'expression, le terme « immatériel » laisse traditionnellement indifférent la répression. Cependant, avec l'avancée technologique, la

---

[34] Voir l'article 333-1 du Code pénal français et l'article 318 du Code pénal camerounais.

[35] Vol simple, vol spécial et vol aggravé.

doctrine [36]s'est abondamment interrogée sur le fait de savoir si une information peut être l'objet de vol. Ce questionnement se justifiait dans la mesure où le vol suppose la soustraction d'une chose matérielle.

À ce sujet, alors que la théorie du vol d'information a été rejetée par la majorité de la doctrine[37], le législateur de 2010 a répondu par l'affirmation dans l'article 74 de la loi sur la cybercriminalité. Il considère que les dispositions de l'article 318 du Code pénal peuvent *s'appliquer « aux personnes qui, sans droit, interceptent des données personnelles lors de leur transmission d'un système d'information à un autre* » ou *« quiconque, au moyen d'un procédé quelconque, porte atteinte à l'intimité de la vie privée d'autrui en fixant, en enregistrant ou transmettant sans le consentement de leurs auteurs, les données électroniques ayant un caractère privé ou confidentiel »*[38].

À l'analyse, il faut présager que cette incrimination résulte de la volonté du législateur d'adapter les textes existants à de nouveaux actes illicites, soit relatifs aux TIC, soit commis à l'aide des TIC. Ceci peut mieux se comprendre au regard de l'analyse de l'élément matériel et de l'élément moral de cette infraction.

L'élément matériel fait partie des éléments constitutifs d'une infraction. Il est constitué par le comportement répréhensible et le résultat de ce comportement. Le premier renvoi soit à une commission, soit à une omission. Dans

---

[36] SPEREUTELS (J-P), « La Responsabilité pénale découlant des atteintes aux applications de l'informatique », in Informatique et droit en Europe (Bruxelles, Université libre de Bruxelles), 1995, p.277.

[37] DEVEZE (J), *Le vol des biens informatiques*, JCP, éd. E, 1986, II N°14712 ; HUET (J), *La modification du droit sous l'influence de l'informatique : Aspects de Droit Privé*, JCP, éd. G, 1983, I N°3059 ; GOUTAL (J-L), *La protection pénale des logiciels, Expertises*, 1986, N°80, p.2.

[38] Voir l'article 74, alinéa 1 de la loi N°2010, annexe 1.

notre étude, l'élément matériel de l'infraction de vol de données informatiques est constitué par la soustraction frauduleuse des données informatiques. L'élément moral, quant à lui, est matérialisé par l'intention bien arrêtée de s'approprier l'objet dérobé[39].

En résumé, pour constituer l'infraction de vol des données informatiques, il ne suffit pas que l'inculpé se soit frauduleusement approprié de la chose d'autrui, il faut qu'il ait soustraite au moyen d'une mainmise et d'une appréhension opérées par lui-même sur ladite chose, avec l'intention coupable de la détourner au préjudice de son propriétaire légitime[40].

B. L'escroquerie en ligne

L'escroquerie en ligne désigne la soustraction frauduleuse de bien appartenant à autrui opérée sur ou par le web, souvent sous la forme de débits effectués sur un compte bancaire, sans l'accord de son propriétaire ou en procédant par une technique d'ingénierie sociale. Elle est punie et réprimée par les dispositions de l'article 73 de la loi de 2010 sur la cybercriminalité[41].

---

[39] Paulin (C), *Droit pénal spécial*, Paris, Armand Colin, 2002, p.65.

[40] WAZEER (A), *Droit pénal spécial : infractions contre les biens, le Caire*, Dar Al-Nahda Al Arabia, p.71.

[41] *« Est puni d'un emprisonnement de deux à dix ans et d'une amende de 25 millions à 50 millions, ou l'une des deux peines seulement, celui qui, par la voie d'un système d'information ou dans un réseau de communication contrefait, falsifie une carte de paiement de crédit, ou de retrait ou fait usage ou tente de faire usage en connaissance de cause, d'une carte de paiement, de crédit ou de retrait, contrefaite ou falsifiée ».*

« Est puni des peines prévues à l'alinéa 1 ci-dessus, quiconque, en connaissance de cause, accepte de recevoir par voie de communications électroniques, un règlement au moyen d'une carte de paiement, de crédit ou de retrait au moyen d'une carte de paiement, de crédit ou de retrait contrefaite ou falsifiée. »

Au Cameroun, vulgairement appelée *« scam »,* cette forme de criminalité a pris les proportions d'un véritable fléau. Les cyberdélinquants utilisent les réseaux électroniques pour se livrer à des manœuvres frauduleuses dans le but d'obtenir des sommes d'argent de la part des personnes qui tombent sous le coup de leur supercherie[42].

Les cybercriminels ont recours à plusieurs techniques qui reposent généralement sur le facteur humain, que l'on nomme ingénierie sociale. Cette technique consiste à soutirer des informations à quelqu'un par la ruse. Cette technique peut prendre plusieurs formes à savoir le spamming, le *phishing* et le *pharming* avec pour point commun l'usage de diverses manœuvres pour déterminer fallacieusement la victime.

À la lecture, le constat d'une similitude entre l'escroquerie en ligne de la loi de 2010 sur la cybercriminalité et l'escroquerie prévue et réprimée par les dispositions de l'article 318 (c) du Code pénal camerounais. Ce qui n'est guère surprenant, car, en réalité, le législateur de 2010 n'a fait qu'un élargissement de l'objet de l'infraction d'escroquerie classique aux TIC.

Poursuivant dans sa mission de répression de la cybercriminalité, le législateur camerounais a procédé par ailleurs à l'élargissement de l'objet des infractions contre les mœurs.

Paragraphe II : l'élargissement du moyen de réalisation des infractions contre les bonnes mœurs

Les bonnes mœurs sont les habitudes, les usages conformes à la moralité, à la religion et à la culture d'un

[42] ROSE (P), *La Criminalité informatique*, Paris, Collection Que-sais-je ? PUF, 1987, p. 20 et suivants.

pays ou d'un peuple. Elles constituent un ensemble de normes, le plus souvent coutumières, en partie formulées dans les traités de civilité et dans les règles de droit civil et pénal. Elles varient selon les peuples et les époques, et constituent l'un des objets d'étude de l'ethnologie et de la sociologie historique[43].

Il s'infère de cette définition que le droit est un instrument de censure des mauvaises mœurs[44]. Ceci est justifié dans la mesure où, dans toutes les sociétés contemporaines, il existe un ensemble des règles imposées par la morale et auxquelles les parties ne peuvent déroger par leurs conventions[45].

C'est dans ce sens que les législateurs des pays africains ont entrepris de réprimer l'ensemble des pratiques considérées comme contraire aux bonnes mœurs. C'est le cas par exemple de la répression aux termes des articles 263 et suivants du Code pénal camerounais de l'outrage public à la pudeur, outrage public aux mœurs, des publications obscènes.

Cependant, force est de constater que ces attitudes considérées comme contraires aux bonnes mœurs n'ont malheureusement pas été épargnées par l'évolution technologique. En effet, l'avancée technologique constitue à plus d'un titre un catalyseur, voire un facilitateur de la commission des pratiques contraires aux bonnes mœurs. C'est d'ailleurs pour cette raison qu'un protocole d'accord

---

[43] Définition des bonnes mœurs sur https://fr.wikipedia.org/wiki/Bonnes_m%C5%93urs.

[44] LOCHAK (D), *Le Droit à l'épreuve des bonnes mœurs. Puissance et impuissance de la norme juridique, Les bonnes mœurs*, Presses universitaires de France, 1994, pp.15-53, Publications du CURAPP. ⟨hal-01670208⟩.

[45] CORNU (G) (sous dir. de), *Vocabulaire juridique,* Presses universitaires de France, Association Henri Capitant, Paris, 1987, p.839.

à la convention de Budapest relatif à l'incrimination d'actes de nature raciste et xénophobe commis par le biais de systèmes informatiques avait été adopté.

Le législateur camerounais, constant dans sa dynamique de protection des biens et des personnes, a quant à lui pris en compte cette nouvelle forme de criminalité, par l'élargissement de l'objet des infractions classiques contre les bonnes mœurs, à travers une adaptation prenant en compte l'objet de l'infraction et le moyen de commission.

Dans ce contexte, sont alors réprimés, les actes de nature raciste et xénophobe (A) et les actes de nature sexuelle (B).

A. La répression des actes racistes et xénophobes commis à travers les TIC

Le racisme renvoie à une idéologie qui, partant du postulat de l'existence de races au sein de l'espèce humaine, considère que certaines catégories de personnes sont intrinsèquement supérieures à d'autres. En d'autres termes, il s'agit d'une idéologie fondée sur la croyance qu'il existe une hiérarchie entre les groupes humains, les « races ». Cette prévention suscite une attitude d'hostilité répétée, voire systématique, à l'égard d'une catégorie déterminée de personnes.

La xénophobie, quant à elle, désigne l'hostilité à ce qui est étranger. Plus précisément, c'est l'hostilité à l'égard d'un groupe de personnes ou d'un individu considéré comme étranger à son propre groupe. Au même titre que les actes de nature racistes, il s'agit des attitudes considérées comme étant des violations des droits de l'homme, d'où leur répression.[46]

[46] Article 241 du Code pénal qui réprime « l'outrage aux races et aux religions ».

En effet, des actes racistes se produisent très régulièrement. La révolution des technologies de l'information a permis la création d'un nouvel espace de communication et de liberté. Malheureusement, les racistes et les négationnistes s'y sont engouffrés. Désormais, toute personne équipée d'un ordinateur peut créer un site et le relier à d'autres, ce qui n'a pas manqué d'attirer l'attention des activistes racistes auxquels les autres modes publics de publication (papier) et de diffusion (radio, télévision) sont en général fermés ou bloqués.

L'apparition des réseaux de télécommunication comme Internet leur offre des moyens modernes et puissants pour diffuser facilement et à une grande échelle des idées racistes et xénophobes. Ils procèdent par la diffusion et la publication des matériels racistes et xénophobes, c'est-à-dire tout matériel écrit, toute image ou toute autre représentation d'idées ou de théories qui préconise ou encourage la haine, la discrimination ou la violence, contre une personne ou un groupe de personnes, en raison de la race, de la couleur, de l'ascendance ou de l'origine nationale ou ethnique, ou de la religion, dans la mesure où cette dernière sert de prétexte à l'un ou l'autre de ces éléments, ou qui incite à de tels actes[47].

C'est fort de ce qui précède, et constant dans son rôle de protecteur des biens et des personnes, suivant la dynamique engagée à l'échelle internationale[48], que le législateur camerounais a prévu aux termes des dispositions de l'article 77 de la loi sur la cybercriminalité que :

---

[47] Article 2, alinéa 1 du Protocole additionnel à la Convention sur la cybercriminalité, relatif à l'incrimination d'actes de nature raciste et xénophobe commis par le biais de systèmes informatiques.

[48] Protocole additionnel à la Convention sur la cybercriminalité, relatif à l'incrimination d'actes de nature raciste et xénophobe commis par le biais de systèmes informatiques, adopté à Strasbourg le 28. I. 2003.

« Est puni d'un emprisonnement de deux (2), à cinq (5) ans et d'une amende de 2.000.000 (deux millions) à 5.000.000 (cinq millions) F CFA où de l'une de ces deux peines seulement, celui qui, par la voie de communication électronique ou d'un système d'information, commet un outrage à l'encontre d'une race ou d'une religion ».

B. La répression des actes sexuels commis à travers les TIC

Les violences de nature sexuelle correspondent aux infractions sexuelles visant à punir toutes les atteintes à la liberté sexuelle. En outre, les violences sexuelles désignent tout acte sexuel commis avec violence, contrainte, menace ou surprise. Ces violences portent atteinte aux droits fondamentaux de la personne.

Elles recouvrent les situations dans lesquelles une personne impose à autrui un ou des comportements, un ou des propos (oral ou écrit) à caractère sexuel. En d'autres termes, ils sont subis et non désirés par la victime. Elles sont l'expression de la volonté de pouvoir de l'auteur sur la victime.

Les infractions sexuelles sont réprimées, car elles portent atteinte aux droits fondamentaux de la personne, notamment à son intégrité physique et psychologique. Traditionnellement, les violences sexuelles recouvrent différentes formes : agression sexuelle, viol, voyeurisme, harcèlement sexuel.

Cependant, comme nous l'avons indiqué précédemment, la révolution des technologies de l'information n'a pas seulement procuré des avantages, elle a favorisé la naissance d'une nouvelle forme de criminalité qui s'observe même en ce qui concerne les violations de nature sexuelles.

En effet, l'avancée technologique a permis la recrudescence des violences sexuelles. C'est le cas du harcèlement sur Internet encore appelé Cyberharcèlement. Selon le vocabulaire du droit, liste des termes, expressions et définitions adoptés, le cyberharcèlement désigne « le harcèlement moral ou sexuel commis au moyen d'un réseau de communication électronique ».[49]

Des termes équivalents étrangers sont parfois utilisés pour parler du cyberharcèlement *« cyberbullying », « cyberharassment », « cyberstalking », « Internet bullying »* ou encore *« online bullying »*. Quel que soit le terme utilisé, le harcèlement sur Internet consiste à imposer de manière répétée à quelqu'un des propos ou des comportements à connotation sexuelle ou sexiste qui portent atteinte à sa dignité en raison de leur caractère dégradant ou humiliant, ou qui créent à son endroit, une situation intimidante, hostile ou offensante.

Par ailleurs, comme l'a constaté JEHEL[50], les adolescents sont victimes des violences sexuelles numériques. Elles sont principalement de deux ordres : les violences provoquées par la circulation d'images ou de messages sexuels sur les plates-formes numériques et les violences qui ont lieu sur les plates-formes ou hors ligne en lien avec la circulation de contenus diffusés sur lesdites plates-formes.

Dans ce contexte, les cyberdélinquants procèdent par l'envoi des images sexuelles (cyber-exhibition) ou des

---

[49] BITTON (A.) et BEGHIN (J.), « Le harcèlement sur Internet : définitions et sanctions », *Le village de la justice,* 15 juin 2020 disponible sur https://www.village-justice.com/articles/harcelement-sur-internet-definition-sanctions.

[50] JEHEL (S), « Les adolescents face aux violences numériques », *Terminal* [En ligne], 123 | 2018, mis en ligne le 31 décembre 2018, consulté le 22 novembre 2022. URL: http://journals.openedition.org/terminal/3226; DOI: https://doi.org/10.4000/terminal.3226.

messages sexuels non sollicités à des adolescents sur Internet. Ce à quoi le législateur de 2010 n'est pas resté indifférent. Il a estimé que les violences de cette nature pouvaient constituer un outrage privé à la pudeur dès lors que la victime a été mise en contact avec l'auteur desdits faits, grâce à l'utilisation des communications électroniques ou des systèmes d'information. D'où leur sanction par les dispositions de l'article 79 [51]de la loi de 2010 sur la cybercriminalité.

Le législateur de 2010 va plus loin, il réprime aux termes des articles 80 à 83 la pornographie infantile[52],

---

[51] Article 79 loi 2010 « Les peines réprimant les faits d'outrage privé à la pudeur prévus à l'article 295 du Code pénal, sont un emprisonnement de cinq (05) à dix (10) ans et une amende de 5.000.000 (cinq millions) à 10.000.000 (dix millions) F CFA ou de l'une de ces deux peines seulement, lorsque la victime a été mise en contact avec l'auteur desdits faits, grâce à l'utilisation des communications électroniques ou des systèmes d'information. »

[52] Voir l'article 81 de la loi de 2010 « Sont punis des peines prévues à l'article 82 ci-dessous, les faits ci-dessous, lorsqu'ils sont commis en utilisant un réseau de communications électroniques ou un système d'information : - l'offre, la production, la mise à disposition de pornographie enfantine en vue de sa diffusion ; - le fait de se procurer ou de procurer à autrui de la pornographie enfantine par le biais d'un système d'information ; - le fait pour les personnes majeures de faire des propositions sexuelles à des mineurs de moins de quinze (15) ans ou une personne se présentant comme telle ; - la diffusion ou la transmission de pornographie enfantine par le biais d'un système d'information. (2) Est considéré comme pornographie enfantine, tout acte présentant de manière visuelle : - un mineur se livrant à un comportement sexuellement explicite ; - une personne qui apparaît comme mineur se livrant à un comportement sexuellement explicite ; - des images réalistes présentant un mineur se livrant à un comportement sexuellement explicite ».

l'homosexualité[53], l'outrage privé à la pudeur sur un mineur de moins de 15 ans [54] et la pédophilie[55].

---

[53] Voir l'article 83 « 1) Est puni d'un emprisonnement d'un (01) à deux (02) ans et d'une amende de 500.000 (cinq cent mille) à 1.000.000 (un million) F CFA ou de l'une de ces deux peines seulement, celui qui, par voie de communications électroniques, fait des propositions sexuelles à une personne de son sexe ».

[54] Voir article 82 « 1) Est puni d'un emprisonnement d'un (01) à deux (02) ans et d'une amende de 500.000 (cinq cent mille) à 1.000.000 (un million) F CFA ou de l'une de ces deux peines seulement, celui qui, par voie de communications électroniques, fait des propositions sexuelles à une personne de son sexe ».

[55] Voir l'article 80 « Les peines réprimant les faits d'outrage privé à la pudeur prévus à l'article 295 du Code pénal, sont un emprisonnement de cinq (05) à dix (10) ans et une amende de 5.000.000 (cinq millions) à 10.000.000 (dix millions) F CFA ou de l'une de ces deux peines seulement, lorsque la victime a été mise en contact avec l'auteur desdits faits, grâce à l'utilisation des communications électroniques ou des systèmes d'information. Article 80.- (1) Est puni d'un emprisonnement de trois (03) à six (06) ans et d'une amende de 5.000.000 (cinq millions) à 10.000.000 (dix millions) F CFA ou de l'une de ces deux peines seulement, celui qui diffuse, fixe, enregistre ou transmet à titre onéreux ou gratuit l'image présentant les actes de pédophilie sur un mineur par voie de communications électroniques ou d'un système d'information. (2) Est puni des mêmes peines prévues à l'alinéa 1 ci-dessus, quiconque offre, rend disponible ou diffuse, importe ou exporte, par quelque moyen électronique que ce soit, une image ou une représentation à caractère pédophile. (3) Est puni d'un emprisonnement d'un (01) à cinq (05) ans et d'une amende de 5.000.000 (cinq millions) à 10.000.000 (dix millions) F CFA ou de l'une de ces deux peines seulement, celui qui détient dans un réseau de communications électroniques ou dans un système d'informations, une image ou une représentation à caractère pédophile. (4) Les peines prévues à l'alinéa 3 ci-dessus sont doublées, lorsqu'il a été utilisé un réseau de communications électroniques pour la diffusion de l'image ou la représentation du mineur à destination du public. (5) Les dispositions du présent article sont également applicables aux images pornographiques mettant en scène les mineurs ».

Section II : la répression des infractions spécifiques aux TIC

Il faut entendre par infractions spécifiques aux TIC, les infractions qui touchent directement les technologies de l'information et de la communication, en d'autres termes, les infractions spécifiques aux TIC sont celles dont l'ordinateur est l'objet du délit. La loi de 2010 régit le cadre de la sécurité des réseaux de communications électroniques et des systèmes d'information.

En ce sens, elle définit et réprime les infractions liées à l'utilisation des technologies de l'information et de la communication au Cameroun. Elle a ainsi procédé à la modernisation des instruments de répression de la cybercriminalité avec pour objectif principal de remédier aux situations de vide et d'inadaptation juridiques qui caractérisaient l'édifice pénal classique. Pour ce faire, elle a institué à la création de nouvelles infractions spécifiques aux TIC.

Les grandes innovations de cette loi se sont articulées autour de la protection pénale des systèmes informatiques et des données informatiques (Paragraphe I) ainsi que la répression des infractions informatiques (Paragraphe II).

Paragraphe I : les atteintes des systèmes informatiques et des données informatisées

Le législateur de 2010 a envisagé de donner une définition des notions de système informatique et données informatisées avant de décliner les différentes atteintes auxquelles, elles peuvent faire face.

Ainsi, aux termes de l'article 4 de la loi de 2010, on entend par « système d'information » tout dispositif isolé ou groupe de dispositifs interconnectés ou apparentés assurant par lui-même ou par un ou plusieurs de ses éléments, conformément à un programme, un traitement automatisé de données. L'alinéa 41 du même article définit les données informatisées comme étant toute représentation de faits, d'informations ou de notions sous une forme susceptible d'être traitée par un équipement terminal, y compris un programme permettant à ce dernier d'exécuter une fonction.

Pour les commodités de notre analyse, nous allons tour à tour présenter les différentes atteintes aux systèmes informatiques (A) et aux données informatisées (B).

A. Les atteintes aux systèmes d'information

Le législateur de 2010 a érigé des valeurs pénalement protégées[56]. Il s'agit entre autres de la confidentialité, de la disponibilité et de l'intégrité des systèmes informatiques.

Le législateur de 2010 définit la confidentialité comme étant le maintien du secret des informations et des transactions afin de prévenir la divulgation non autorisée d'informations aux non destinataires permettant la lecture, l'écoute, la copie illicite d'origine intentionnelle ou accidentelle durant leur stockage, traitement ou transfert[57]. Il a par ailleurs marqué son importance à travers la consécration de sa protection, qui est d'ailleurs garantie par une infraction qui se décline doublement à savoir l'accès et le maintien frauduleux dans un système informatique.

Cette infraction prévue par les dispositions de l'article 68 de la loi de 2010 relative à la cybercriminalité et à la cybersécurité [58]se décline doublement. D'entrée de jeu, elle

---

[56] TEPI (S), *La Cybercriminalité au Cameroun*, *op.cit.* p.15.

[57] Voir alinéa 24 article 4 loi 2010 sur la cybercriminalité et la cybersécurité.

[58] Voir article 68 *« (1) Est puni d'un emprisonnement de cinq (05) à dix (10) ans et d'une amende de 10.000.000 (dix millions) à 50.000.000*

réprime l'accès frauduleux sur un système informatique, puis le maintien frauduleux sur un système informatique.

Cette formulation a pour objectif de sanctionner, soit la pénétration irrégulière dans un système informatique, soit le fait de s'y être maintenu frauduleusement, après y avoir accédé de façon irrégulière ou par inadvertance.

En ce qui concerne l'accès frauduleux, on retiendra que tous les modes de pénétration sont visés tant qu'ils ne sont pas précédés de l'autorisation du titulaire de l'appareil, sinon c'est du « *hacking* » qui désigne le fait de chercher des moyens de contourner des moyens de protection logiciel et matériel[59].

Le maintien frauduleux, quant à lui, est partiellement la conséquence logique de l'accès. Car, il suffit qu'après une intrusion irrégulière, on se maintienne un certain temps dans le système d'information pour que l'infraction soit caractérisée. Cependant, cette infraction n'est pas seulement caractérisée du seul fait de l'accès frauduleux. Nous constatons avec TEPI que *« même si l'accès au système n'a pas été commis de manière illicite, un séjour prolongé de manière non autorisée pourra être poursuivi »*[60]. C'est le cas, par exemple, si à la suite d'un

(cinquante millions) F CFA ou de l'une de ces deux peines seulement, celui qui accède ou se maintient, frauduleusement, dans tout ou partie d'un réseau de communications électroniques ou d'un système d'information en transmettant, endommageant, provoquant une perturbation grave ou une interruption du fonctionnement dudit système ou dudit réseau. (2) Les peines prévues à l'alinéa 1 ci-dessus sont doublées s'il en est résulté, soit la suppression ou la modification des données contenues dans le système d'information, soit une altération de son fonctionnement. »

[59] Voir Hacking sur https://fr.wikipedia.org/wiki/Hacker_(s%C3%A9curit%C3%A9_informatique).

[60] Tepi, (S), *Op.cit,* note 92.

accès licite sur une base de données payante, on déjoue les systèmes permettant de calculer le prix lié à la durée de connexion.

L'intégrité des données est un critère de sécurité définissant l'état d'un réseau de communications électroniques, d'un système d'information ou d'un équipement terminal qui est demeuré intact et permet de s'assurer que les ressources n'ont pas été altérées (modifiées ou détruites) d'une façon tant intentionnelle qu'accidentelle, de manière à assurer leur exactitude, leur fiabilité et leur pérennité[61]. Les atteintes à l'intégrité des données informatiques sont réprimées conformément aux dispositions de l'article 67[62].

Cette incrimination protège les systèmes contre les programmes destinés à perturber le fonctionnement ou à détruire les éléments indispensables à leur fonctionnement normal. C'est généralement l'effet des virus informatiques dont l'un des plus connus est *« le cheval de Troie »*[63].

Enfin, la protection des systèmes informatiques passe aussi par la répression des atteintes à la disponibilité de ces systèmes. On entend par disponibilité, le critère de sécurité permettant que les ressources des réseaux de communications électroniques, des systèmes d'information ou des équipements terminaux soient accessibles et

---

[61] Voir alinéa 48 de l'article 4 de la loi de 2010.

[62] Article 67 loi 2010 *« Constitue une atteinte à l'intégrité d'un réseau de communications électroniques ou d'un système d'information et punie des peines prévues à l'article 66, alinéa 1 ci-dessus, le fait de provoquer une perturbation grave ou une interruption de fonctionnement d'un réseau de communications électroniques d'un équipement terminal par l'introduction, la transmission, la modification, la suppression, l'altération des données* ».

[63] Voir cheval de Troie sur https://fr.wikipedia.org/wiki/Cheval_de_Troie_(informatique), consulté le 22 février 2024 à 18h36mins.

utilisables selon les besoins (le facteur temps)[64]. Ces atteintes sont réprimées par l'article 71 qui incrimine celui qui introduit, sans droit, des données dans un système d'information ou dans un réseau de communications électroniques en vue de supprimer ou de modifier les données qui en sont contenues.

Cette infraction est donc caractérisée par des éléments tels que l'introduction irrégulière, l'altération, l'effacement ou la suppression. Ces derniers se rapportent à des actes, tels que les manipulations de matériels, les actes empêchant les sorties sur imprimante et les actes affectant les enregistrements ou les flux de données, ou l'ordre dans lequel les programmes sont exécutés.

B. Les atteintes aux données informatisées

L'alinéa 41 du même article définit les données informatisées comme étant toute représentation de faits, d'informations ou de notions sous une forme susceptible d'être traitée par un équipement terminal, y compris un programme permettant à ce dernier d'exécuter une fonction. Les atteintes dont elles font l'objet se déclinent autour de deux valeurs pénalement protégées à savoir, l'intégrité et la disponibilité.

L'intégrité des données informatisées est garantie par le délit d'interception frauduleuse de données informatisées réprimée par les dispositions de l'article 65 de la loi de 2010. Cette infraction sanctionne *« celui qui effectue, sans droit ni autorisation, l'interception par des moyens techniques, de données lors des transmissions ou non, à destination, en provenance ou à l'intérieur ou non d'un réseau de communications électroniques, d'un système d'information ou d'un équipement terminal »*.

---

[64] Voir l'alinéa 38 de l'article 4 de la loi 2010.

L'interception correspond à l'accès non autorisé à des données d'un réseau de communications électroniques, d'un système d'information ou d'un équipement terminal. Par conséquent, cette infraction garantit le secret des données informatisées lors de leur transmission. Par ailleurs, cette disposition vise à protéger le droit au respect des données transmises. Elle représente la même violation du droit au respect des communications que l'écoute et l'enregistrement classique des conversations téléphoniques.

Pour être caractérisée, l'interception doit être effectuée par des ***« moyens techniques »*** et doit viser les transmissions ***« non publiques »*** [65]de données informatiques.

Les atteintes à la disponibilité des données informatisées, quant à elles, sont sanctionnées par les dispositions de l'article 66 de la loi de 2010, lequel :

« *Puni d'un emprisonnement de deux (02) à cinq (05) ans et d'une amende de 1.000.000 (un million) à 2.000.000 (deux millions) F CFA ou de l'une de ces deux peines seulement, celui qui entraîne la perturbation ou l'interruption du fonctionnement d'un réseau de communications électroniques ou d'un équipement terminal, en introduisant, transmettant, endommageant, effaçant, détériorant, modifiant, supprimant ou rendant inaccessibles les données* ».

Il s'agit donc de sanctionner, l'endommagement, la détérioration, l'effacement et la suppression des données informatiques. Les actes susvisés ne sont punissables que s'ils sont commis sans droit. C'est tout le contraire, il s'agit d'une atteinte à la disponibilité des données informatiques qui interviennent au cours des pratiques ordinaires

[65] L'expression non publique, qualifie la nature du moyen de transmission ou communication et non la nature des données transmises.

d'exploitation ou de commerce, comme celles qui correspondent aux essais, à la protection de la sécurité d'un système informatique, ou qui sont autorisées par le propriétaire ou l'exploitant, ou encore à la reconfiguration d'un système d'exploitation d'un ordinateur se déroulant lorsque l'exploitant acquiert un nouveau logiciel.

Les dispositions de l'article 66 de la loi de 2010 visent à assurer aux données et programmes informatiques une protection analogue à celle dont jouissent les biens corporels à l'encontre des dommages occasionnés délibérément.

Paragraphe II : la répression des infractions informatiques

Les infractions informatiques dont il s'agit sont celles dont l'ordinateur est à l'origine[66]. Ce dernier étant composé de 5 éléments[67]. Chaque élément étant susceptible de faire l'objet d'un abus, le législateur a organisé la répression de ces derniers autour d'un ensemble d'infractions à savoir la falsification des données (A) et les autres infractions informatiques (B).

---

[66] La cible.

[67] Un ordinateur se compose de cinq éléments principaux. D'abord, il y a le périphérique d'entrée, qui convertit les données et les consignes conçues pour l'utilisateur en un code assimilable par la machine. Ensuite vient l'unité centrale qui contrôle et coordonne ses fonctions et les données en faisant appel aux consignes d'exploitation ou programme, aussi appelé logiciel. Puis, il y a les unités de logique et de mémoire qui permettent à l'ordinateur d'effectuer des calculs, de prendre des décisions et de mémoriser les données, selon les consignes de l'unité de contrôle. Enfin vient le périphérique de sortie qui convertit les résultats en un langage conçu pour l'utilisateur. Lire sur https://definir-tech.com/info/3862/quels-sont-les-5-elements-de-base-qui-composent-un-ordinateur.

A. La falsification des données informatiques

La falsification de données informatiques est le fait de produire ou de fabriquer un ensemble de données numérisées par l'introduction, l'effacement ou la suppression frauduleuse des données informatisées stockées, traitées ou transmises par un système informatique, et ce, dans l'intention qu'elles soient prises en compte ou utilisées à des fins légales comme si elles étaient originales.

L'objectif de cette infraction consiste à accorder une protection à l'authenticité des données informatisées à l'image du faux en écriture[68] de droit commun. Il était donc question d'instituer une infraction qui soit le pendant de la falsification des documents physiques. De sorte que l'introduction non autorisée de données exactes ou inexactes correspond à la fabrication d'un faux document. De même, les opérations d'altérations (modifications, changements partiels), d'effacement et de suppression correspondent en général à la falsification d'un document authentique qui justement peut se faire par l'un de ces moyens.

En plus de l'élément matériel ci-dessus évoqué, il faut noter que la falsification des données informatisées est surtout caractérisée par son élément moral. En effet, la lecture de la dernière phrase de cette disposition nous renseigne que, pour que la responsabilité pénale de l'auteur des falsifications puisse être engagée, il faudrait que les actes matériels soient réalisés avec une intention frauduleuse ou pernicieuse. C'est le sens à donner à la dernière phrase de cette incrimination.

---

[68] Voir l'article 314 du Code pénal camerounais.

B. Les autres infractions informatiques

En plus des infractions ci-dessus énumérées, le législateur de 2010 a pris des mesures tendant à assurer la protection du matériel informatique. C'est la quintessence des dispositions de l'article 69[69] qui sanctionne l'accès sans droit et en violation des mesures de sécurité à l'ensemble ou à une partie d'un réseau de communications électroniques, d'un système d'information ou d'un équipement terminal, afin d'obtenir des informations ou des données, en relation avec un système d'information connecté à un autre système d'information. De plus, l'article 84[70] réprime le fait de pénétrer frauduleusement dans des communications électroniques, de les retarder, de les supprimer, d'intercepter sans autorisation, de les détourner, de les utiliser ou de les divulguer, ou encore de procéder à l'installation d'appareils conçus pour réaliser de telles interceptions.

Par ailleurs, l'article 70[71] du même texte de loi condamne celui qui provoque, par saturation, l'attaque d'une ressource de réseau de communications électroniques ou d'un système d'information dans le but de l'effondrer en empêchant la réalisation des services attendus. Autant l'article 72[72] sanctionne celui qui, de quelque manière que ce soit, sans droit, introduit, altère, efface, ou supprime, afin d'obtenir un bénéfice économique, les données électroniques, de manière à causer un préjudice patrimonial à autrui.

Au sortir de ce chapitre, rappelons qu'il était initialement question de montrer la répression des cyberinfractions au Cameroun comme une réalité. Il a été justement donné de

---

[69] Voir l'article 69 de la loi de 2010.
[70] Voir l'article 84 de la loi de 2010.
[71] Voir l'article 70 de la loi de 2010.
[72] Voir l'article 72 de la loi de 2010.

constater que l'incrimination des cyberinfractions en droit pénal camerounais est la conséquence de son adaptation aux infractions classiques et à celles spécifiquement liées à l'usage des TIC. Plus loin, le constat de l'incrimination des cyberinfractions en droit pénal camerounais résulte des dangers liés à l'utilisation des outils informatiques à des fins criminelles dans l'optique de porter atteinte tant à la souveraineté des données numériques qu'à celles de la dignité humaine. Dès lors, la mise sur pied de l'adoption d'une protection pénale vise non seulement à protéger les systèmes informatiques et les données informatisées, mais aussi à réprimer tout acte informatique visant, par conséquent à porter atteinte à la protection informatique des données numériques. D'où l'apport garanti d'un traitement judiciaire des cyberinfractions au Cameroun.

CHAPITRE II :

Le traitement judiciaire des cyberinfractions au Cameroun

L'une des conséquences pratiques de l'architecture en réseau de l'Internet est qu'il offre la possibilité aux cybercriminels de commettre des infractions sans qu'il soit nécessaire de se déplacer. Par conséquent, les empêcher de trouver des refuges est devenu un aspect central de la prévention de la cybercriminalité[73]. Les criminels utilisent ainsi des refuges pour gêner les enquêtes. Les cybercriminels sont à même de traverser, à toute allure, les frontières en passant inaperçues, cachés derrière d'innombrables « liens » ou en disparaissant tout simplement sans laisser de trace écrite[74]. Ils peuvent faire passer des communications par le biais de "refuges de données" ou y dissimuler les preuves de leurs délits ; tous les pays ne disposant pas des lois ou de l'expertise

[73] L'Assemblée générale des Nations-Unies, dans sa résolution 55/63, ainsi que le Groupe des Huit, dans les principes et le plan d'action pour combattre le crime de haute technologie dont sont convenus les ministres de la Justice et de l'Intérieur du Groupe des Huit lors de la réunion tenue à Washington, D.C., le 10 décembre 1997, soulignaient déjà la nécessité d'éliminer les refuges pour ceux qui exploitent les technologies de l'information à des fins criminelles, consulté sur www.justice.gov/criminal/cybercrime/g82004/97Communique.pdf).

[74] Département de l'information de l'ONU, « Lutter contre la criminalité sur le Net », Dixième congrès des Nations Unies pour la prévention du crime et le traitement des délinquants, information de base n° 4, DPI/2088/H Mars 2000 ; disponible à l'adresse : https://www.un.org/french/events/10thcongress/2088hf.htm (consulté le 13 juillet 2021).

nécessaires pour les retrouver[75]. Un exemple bien connu est le ver informatique "I love you[76]" qui a été créé aux Philippines en 2000[77] et aurait infecté des millions d'ordinateurs dans le monde[78]. Les enquêtes locales ont été freinées par le fait que le développement et la diffusion malveillants du logiciel à l'origine des dommages n'étaient pas, à l'époque, incriminés de façon adéquate aux Philippines. Les moyens classiques de recherche et de constatation des infractions ne sont plus adaptés aux nouvelles formes de criminalité, telle que la cybercriminalité. Ceci explique pourquoi les preuves susceptibles de servir de base à d'éventuelles sanctions

---

[75] *Ibid.*

[76] Le virus I Love You (Je t'aime), aussi appelé Loveletter (Lettre d'amour) ou The Love Bug est apparu en mai 2000 sous la forme d'un e-mail contenant une fausse lettre d'amour. Il s'est diffusé rapidement via la messagerie électronique Outlook. À l'ouverture de la pièce jointe infectée, le virus I Love You se lançait de lui-même en s'inscrivant dans tous types de fichiers, excepté les MP3. Ce malware touche particulièrement les systèmes d'exploitation Windows 98 et Windows 2000. Love You est connu pour avoir été un virus informatique particulièrement virulent. En 4 jours, le virus touche 3,1 millions d'ordinateurs dans le monde. On estime que 10% des ordinateurs de l'époque connectés à Internet ont été infectés par le virus I Love You, ce qui représenterait 5 milliards de dommages estimés (voir l'adresse suivante pour plus d'information sur le virus *I love* you : https://blog.iakaa.com/virus-i-love-you-histoire-piratage-informatique/).

[77] États-Unis, General Accountability Office, *Critical Infrastructure Protection: "ILOVEYOU"Computer Virus Highlights Need for Improved Alert and Coordination Capabilities*, audition devant la sous-commission des institutions financières de la Commission des affaires bancaires, du logement et des affaires urbaines, Sénat des États-Unis, rapport GAO GAO/T-AIMD-00-181 (Washington, D.C., mai 2000).

[78] "Police close in on Love Bug culprit" *BBC News*, 6 mai 2000. Disponible à l'adresse: http://news.bbc.co.uk/2/hi/science/nature/738537.stm. (Consultée le 13 juillet 2021).

d'infractions liées aux TIC sont souvent pratiquement introuvables. Cette situation a rapidement interpellé le législateur camerounais qui a pris des mesures pour s'adapter à cette réalité. Ces mesures se traduisent alors par un cadre procédural apte à répondre aux défis de la cybercriminalité (Section I) et l'action des institutions prenantes (Section II).

Section I : l'aménagement des règles procédurales propices à l'efficacité des enquêtes

Le recours aux technologies de télécommunication comme moyen de facilitation de la commission d'infractions a amené le législateur camerounais à définir des mesures d'adaptation. L'accomplissement des actes classiques peut, sans doute, se révéler efficace dans le cadre d'une procédure menée pour rechercher les preuves d'une infraction ayant pour objet le support de l'information. Après tout, il n'y a aucune différence entre le vol d'une disquette ou d'un CD-ROM et le vol d'un objet mobilier quelconque. En revanche, lorsqu'il s'agit de réunir des preuves contre une personne poursuivie pour avoir manipulé le système informatisé d'autrui ou pour avoir stocké et transmis des informations illicites, les méthodes classiques peuvent se révéler tout à fait inappropriées.

À la lumière de ce qui précède, il convient de dire que les rédacteurs de la loi sur la cybersécurité et la cybercriminalité ont procédé à l'extension des procédures classiques au cybermonde (Paragraphe I) et à la consécration de procédés nouveaux, déterminants à la conduite d'enquêtes dans le cyberespace (Paragraphe II).

Paragraphe I : l’arrimage des procédures répressives traditionnelles aux infractions facilitées par les technologies numériques

Le recours aux technologies de l’information et de la communication pour commettre des infractions a fait émerger les limites des règles de procédure classiques. En effet, autant la pluralité des intervenants complique la recherche de l’auteur de l’infraction, autant la dispersion des éléments de l’infraction rend aléatoire le rattachement de celle-ci à un territoire déterminé.

C’est donc à juste titre que le législateur camerounais ait procédé par extension les règles de procédures traditionnelles au cyberespace.

À ce titre, il faut relever que le code de procédure pénale applicable au Cameroun insiste beaucoup sur l’importance du recueil d’éléments de preuve matérielle, qui constituent les premiers éléments prévus dans la conduite d’une enquête judiciaire. Les infractions traditionnelles facilitées par l’utilisation des technologies de l’information sont gérées par le Code de procédure pénale, qui met en œuvre des méthodes de prévention des infractions (A) et, lors de la consommation de l’infraction, des techniques de constatation de l’infraction (B)

A. Le recours aux procédés de prévention des infractions pour les crimes informatiques classiques

La nature de certaines infractions commande que des mesures anticipatives puissent être prises afin de les prévenir au regard des conséquences importantes qu’elles pourraient occasionner. Cela appelle donc les États à mobiliser tous les moyens possibles pour réduire les effets. Cette approche de la prévention criminelle a également été retenue par le législateur, qui n'entend laisser aucune faille dans la lutte contre les crimes informatiques. C'est ainsi que les patrouilles policières ont été étendues au cyberespace et, de ce fait, le recours à l'infiltration pour des cas particuliers.

Aucun pays n'est épargné par la criminalité, la violence et la victimisation. La prévention de la délinquance est devenue une composante de plus en plus importante des stratégies adoptées par un grand nombre de pays pour renforcer la sûreté et la sécurité publiques. Le concept de prévention repose sur l'idée selon laquelle la criminalité et la victimisation ont des causes très diverses qui résultent d'une large gamme de facteurs et de circonstances qui affectent la vie des familles et des individus à mesure qu'ils grandissent ainsi que de l'environnement local et de situations et d'opportunités qui facilitent la victimisation et la délinquance[79]. Puisque la criminalité résiste aux efforts de sanction pour la combattre, l'intérêt des experts juridiques s'est progressivement reporté sur les méthodes innovatrices pour prévenir plutôt que punir. Ainsi, plusieurs études ont révélé que la prévention du crime peut réduire le nombre de délits de manière significative, ainsi que faire baisser leurs coûts[80].

Les stratégies de prévention criminelle occupent désormais une place de choix dans les politiques nationales de sécurité. La prévention s'attache à éliminer les problèmes qui peuvent conduire un individu vers la criminalité.

Le législateur a bien compris que la prévention est un outil important pour réduire la criminalité. Avec le développement rapide des technologies numériques, le

---

[79] Office des Nations Unies contre la drogue et le crime (UNODC), « Principes directeurs applicables à la prévention du crime », in *Manuel d'application pratique*, 2010, p.8.

[80]https://www.un.org/french/events/10thcongress/2088cf.htm (consulté le 30 novembre 2022).

législateur camerounais ne s'est pas gêné en mettant également la prévention au cœur de la stratégie globale de riposte contre la cybercriminalité. Les techniques des patrouilles, de surveillance ont été prises en compte pour la prévention des crimes informatiques au Cameroun. La loi de 2010 sur la cybersécurité et la cybercriminalité consacre ainsi le procédé de patrouille numérique.

La notion de cyberpatrouille ou patrouille numérique ou veille numérique est une activité de veille qui pourrait être exercée par les autorités compétentes (services d'enquêtes) dans des espaces ouverts au public[81]. La veille est un travail d'initiative qui a pour objectif de rechercher de manière proactive les infractions en surveillant l'espace public par des «patrouilles du Net»[82]. Il s'agit d'une forme de recherche de renseignements utiles pour la conduite de futures enquêtes.

La caractérisation des éléments constitutifs des infractions commises par le biais d'un réseau de communication et dont les victimes pourraient être des mineurs est souvent difficile à mettre en œuvre en raison des difficultés liées à la preuve numérique. Ceci est vrai pour les faits de diffusion de contenus pédopornographiques, de corruption de mineurs, d'incitation à commettre des crimes. Après la commission des faits, les enquêteurs peuvent solliciter des Fournisseurs d'accès Internet (FAI), des informations techniques pouvant permettre de punir les auteurs. Mais en temps

---

[81] Groupe de travail CYBERLEX / CECYF, « La procédure pénale face aux évolutions de la cybercriminalité et du traitement de la preuve numérique : propositions pour une efficacité juridique renforcée », *Rapport*, janvier 2018, p.17.

[82] BRETON (T), « Chantier sur la lutte contre la cybercriminalité », *Rapport*, juin 2004, p.12.

différé, cette intervention pourrait être insatisfaisante et ne pas assurer la protection des mineurs.

Il est donc nécessaire, en vue de dissuader les pédophiles, que les officiers ou agents de police judiciaire soient habilités à assurer une surveillance légale du réseau pour les contenus dont pourraient être victimes les enfants. Ils pourraient, dans ces conditions, agir en temps réel et capter directement toutes les caractéristiques techniques des échanges[83]. Le législateur camerounais ne s'est donc pas trompé en étendant la prévention aux cybercrimes, qui sont d'ailleurs réveillés, comme pour avoir des conséquences graves en matière économique, sur les droits de l'homme et la sécurité publique. Les cyberpatrouilles, lorsqu'elles sont bien menées, peuvent conduire à procéder à des constatations qui peuvent permettre de mettre aux arrêts des délinquants.

B. L'extension des saisies et perquisitions aux infractions informatiques relevant du droit commun

La loi de 2010 a réformé de manière assez substantielle les méthodes de collecte des preuves numériques en droit de la procédure pénale camerounaise. Jusqu'alors, les outils à disposition des autorités judiciaires étaient assez vieillots, voire obsolètes. Il était quasi impossible d'anticiper l'avènement de la nouvelle ère dans laquelle on vit désormais, celle de la société de l'information. Que l'on se rappelle qu'en l'an 2000, on entendait encore crisser les modems lorsque l'on se connectait à Internet, les smartphones n'étaient alors que des objets de science-fiction, le réseau 3G n'en était qu'à ses balbutiements, les géants du net que sont devenus YouTube, Google, Facebook, Amazon, etc., n'existaient pas (ou à peine), pas

[83] BRETON (T), « *Chantier sur la lutte contre la cybercriminalité* », *op. cit*, p.10.

plus que les multiples applications qui facilitent désormais la vie quotidienne, que l'on ne pouvait imaginer que les solutions de stockage allaient un jour se décliner sur le mode du *cloud computing*, ni qu'il serait possible de pouvoir s'envoyer des messages par des applications de messagerie chiffrée[84].

Le législateur camerounais a donc voulu rattraper le temps perdu et tenter de mettre en place les fondements d'une « procédure pénale 2.0 »[85] à une époque où d'aucuns se projettent déjà dans le web 3.0 et ses promesses vertigineuses d'un monde dominé par les *blockchains*[86].

L'extension des méthodes traditionnelles d'enquête au cyberespace a permis d'établir les perquisitions et saisies comme procédé s'appliquant en matière d'enquête liée à la cybercriminalité et d'admettre la preuve numérique.

Une perquisition est une « mesure *d'enquête qui permet aux officiers de police judiciaire de rechercher des éléments de preuve d'une infraction au domicile d'une personne ou dans tous lieux où peuvent se trouver des éléments, dont la découverte serait utile à la manifestation*

[84] WhatsApp, Viber, Messenger, Telegram, Signal…

[85] FRANSSEN (V) et. TOSZA (S), « Vers plus de droits pour le justiciable sur Internet ? Un nouveau cadre légal pour lutter contre la criminalité dans la société de l'information », *in Les droits des justiciables face à la justice pénale,* CUP Vol 171, Anthemis, 2017, p.207.

[86] La *blockchain* est une technologie de stockage et de transmission d'informations, transparente, sécurisée, et fonctionnant sans organe central de contrôle. Par extension, une *blockchain* constitue une base de données qui contient l'historique de tous les échanges effectués entre ses utilisateurs depuis sa création. Cette base de données est sécurisée et distribuée : elle est partagée par ses différents utilisateurs, sans intermédiaire, ce qui permet à chacun de vérifier la validité de la chaîne. Source : https://blockchainfrance.net/decouvrir-la-blockchain/c-est-quoi-la-blockchain (consulté le 1er décembre 2022).

de la vérité »[87]. Il s'agit de procéder à des recherches qui visent à obtenir des éléments pouvant conduire à la manifestation de la vérité. Les perquisitions peuvent être naturellement élargies à la quête des éléments de preuves informatiques[88].

Selon l'article 53 (1) de la loi sur la cybersécurité et la cybercriminalité, « *Les perquisitions en matière de cybercriminalité sont susceptibles de porter sur des données qui peuvent être des supports physiques ou des copies réalisées en présence des personnes qui assistent à la perquisition* ». Cette disposition montre bien qu'il est admis des perquisitions en matière de cybercriminalité, bien que celles-ci portent particulièrement sur des supports physiques ou des copies y relatives. Les officiers de police judiciaire et les agents habilités de l'ANTIC peuvent, dans le cadre de leurs enquêtes, accéder aux moyens de transport et à tout local à usage professionnel (à l'exclusion des domiciles privés), afin de rechercher et de constater des infractions, de demander la communication de tous les documents professionnels et d'en prendre copie, de recueillir, sur convocation ou sur place, des renseignements et justifications.

Ceci montre également que le législateur camerounais intègre la preuve électronique comme faisant partie des éléments essentiels à la manifestation de la vérité au cours d'une enquête relative à la cybercriminalité. C'est le sens de l'alinéa 3 de l'article 53 de la loi relative à la cybersécurité et à la cybercriminalité qui dispose que : « [...] *seuls seront gardés sous scellé par l'Officier de*

---

[87] GATSI (J), *Nouveau dictionnaire juridique*, 2e éd., Douala, Presses universitaires libres, 2010, p.238.

[88] Considérez par exemple l'article 56 et ses équivalents du code de procédure pénale français, qui énoncent explicitement la possibilité de saisir des données informatiques.

Police judiciaire, les objets, documents et données utilisées à la manifestation de la vérité ». Les enjeux liés au recours judiciaire à la preuve électronique (volatilité et instantanéité des informations, modification des données, etc.) ont donc largement justifié une reconnaissance juridique de la preuve électronique en matière pénale au Cameroun, qui plus est en matière de cybercriminalité.

Tenant compte du caractère volatile et de la nécessité d'une conservation de certains types de données nécessaires aux enquêtes judiciaires, le législateur camerounais, dans son élan de lutte contre la cybercriminalité, a prévu quelques aménagements spécifiques et complémentaires aux techniques procédurales classiques.

Paragraphe II : l'adoption des règles procédurales propres aux cybercrimes spécifiques

Le Cameroun a très vite compris qu'une menace protéiforme, comme la cybercriminalité, nécessite de mettre en jeu tous les moyens possibles afin de limiter ses dégâts. Il ne devrait plus désormais être question, comme c'est le cas avec les menaces de grande ampleur, telles que le terrorisme, d'attendre que des crimes numériques soient commis avant d'en rechercher les coupables. C'est pourquoi la loi de 2010 sur la cybersécurité et la cybercriminalité consacre la cybersurveillance comme un procédé anticipatif des actes de cybercriminalité, comme les données recueillies en amont permettent de coincer rapidement les auteurs en aval (A). D'autres procédés nouveaux sont également prévus, notamment la saisie numérique, la conservation rapide des données informatiques et l'interception de ces dernières (B).

A. L'introduction du mécanisme de la cybersurveillance

Le terme « cybersurveillance » est issu de la contraction des mots « cyberespace » et « surveillance ». Le mot « cyber » vient du grec « kuber », qui signifie « pilote », et a évolué en « cybernétique », qui vient du grec « netos », qui signifie « commandant ». La cybernétique est une science qui étudie le contrôle des systèmes vivants ou non vivants qui sont imbriqués et en interaction. Le mot « cyberespace » désigne aujourd'hui un environnement immatériel où circulent et se transmettent des informations, et qui s'affranchit des dimensions territoriales et temporelles. Le terme « surveillance » est ambigu, car il peut signifier « veiller sur » quelqu'un, ce qui implique une attention et une protection. Cependant, il peut aussi désigner une observation attentive du comportement d'une personne, voire un contrôle dans un but différent de la protection.

La surveillance numérique est une réalité en ce que l'informatique et les technologies ont à ce point évolué qu'elles se sont combinées, mutuellement impactées et ont fait naître de nouvelles formes de communication : la mobilité (chaque objet est susceptible de devenir un outil communiquant), l'identification (on doit identifier les terminaux pour pouvoir faire circuler l'information), la miniaturisation (les objets communicants sont plus nombreux, incorporables dans d'autres objets indétectables). La puissance des mémoires des espaces de stockage, l'interopérabilité et l'interconnexion des systèmes, la puissance des moteurs de recherche, le perfectionnement des bases de données et des outils experts, la biométrie, la géolocalisation, les systèmes d'enregistrement de toutes natures, la RFID ont pour dénominateur commun un disque dur. Concrètement, des traces, des données, des informations ou des éléments d'information concernant chacun d'entre nous sont laissés sur l'Internet, soit par nous-mêmes, soit par des tiers. Il peut s'agir de simples données de connexion ou de consultation, de messages laissés sur des sites, mais aussi de l'utilisation des GPS, téléphones mobiles et caméras, qui nous localisent à un instant donné. Elles sont ensuite techniquement collectées, accumulées, traitées, croisées, et recoupées, les fichiers et les contenants fusionnés, les bases de données contenant les fichiers interconnectés, jusqu'à obtenir une identification, une authentification et une traçabilité dans le temps et dans l'espace, d'un individu et de toutes les caractéristiques de sa personnalité et de sa pensée. Cette réalité est voulue par l'État en vue de prévenir et réprimer le cas échéant les actes criminels. Ainsi L'État multiplie les recours aux dispositifs de surveillance : on assiste à un déploiement massif de caméras dans les lieux publics, la création de fichiers, des écoutes téléphoniques, les infiltrations dans des réseaux sociaux, le fichage d'internautes, etc.

Le Cameroun s'est bien approprié du mécanisme de cyberpatrouille pour assurer la sécurité publique. La notion de cybersurveillance ou patrouille numérique ou veille numérique est une activité de veille assignée à l'ANTIC. Selon l'article 7(2) de la loi sur la cybersécurité et la cybercriminalité, l'ANTIC a pour missions, entre autres, « *d'assurer la veille technologique et d'émettre des alertes et recommandations en matière de sécurité des réseaux de communications électroniques et de certification* ; *d'assurer la surveillance, la détection et l'information aux risques informatiques et cybercriminels* ».

Une autre innovation de la loi de 2010 tient à l'extension du mécanisme d'audition ou d'interrogatoire qui peut désormais se faire lorsque les circonstances l'exigent par voie électronique. Ainsi, « *Lorsque les nécessités de l'enquête ou de l'instruction le justifient, l'audition ou l'interrogatoire d'une personne et/ou la confrontation entre plusieurs personnes peuvent être effectués en plusieurs points du territoire national se trouvant reliés par des moyens de communications électroniques garantissant la confidentialité de la transmission. Il est dressé, dans chacun des lieux, un Procès-verbal des opérations qui y ont été effectuées. Ces opérations peuvent faire l'objet d'enregistrement audiovisuel et/ou sonore* »[89]. « *Lorsque les circonstances l'exigent, l'interprétation peut être faite au cours d'une audition, d'un interrogatoire ou d'une confrontation par des moyens de communications électroniques* »[90].

S'il est vrai que la technique de la géolocalisation n'est pas expressément mentionnée dans la loi de 2010, on peut néanmoins déduire que celle-ci existe dans les procédés d'enquête, du moins pour ce qui est de la géolocalisation passive.

Lato sensu, la géolocalisation est une technique permettant de positionner un objet, une personne, une information, sur un plan ou une carte à l'aide de ses coordonnées géographiques[91]. La nécessité de recourir à la géolocalisation pour obtenir des éléments ou indices pouvant élucider des affaires de criminalité numérique se fait de plus en plus ressentir en matière d'enquête pénale, mais doit se justifier par des besoins de sécurité nationale et de prévention de certaines grandes criminalités (comme la cybercriminalité).

Par un important arrêt, [92] la Cour européenne des droits de l'Homme s'est prononcée en 2010 sur la compatibilité avec les dispositions de la Convention de sauvegarde des

---

[89] Cf. art 59 (1) de la loi de 2010 sur la cybersécurité et la cybercriminalité.
[90] Cf. al. 2 de l'article 59 de la loi précitée.
[91] AUROY (A), « Systèmes de géolocalisation », NSA Lyon Département TELECOM SERVICES & USAGES, p.3.
[92] CEDH, 2 septembre 2010, Uzun c. Allemagne, requête n°35623/05.

droits de l'homme et des libertés fondamentales d'une surveillance par un système mondial de positionnement [notre traduction] (GPS)[93] ordonné dans le cadre d'une enquête pénale[94].

Dans sa décision, la Cour a d'abord noté que les autorités d'enquête avaient véritablement « pisté » les déplacements du requérant en public. Cette constatation l'a amenée à conclure à l'existence d'une ingérence dans la vie privée de l'intéressé, telle que protégée par la Convention de sauvegarde des droits de l'homme et des libertés fondamentales.

Ayant vérifié que cette ingérence était bien « prévue par la loi » au regard des dispositions du Code de procédure pénale allemand, elle a relevé que la surveillance était réalisée dans l'intérêt de la sécurité nationale, de la sûreté publique, de la prévention des infractions pénales (terrorisme) et de la protection des droits des victimes. Elle en a déduit que la surveillance était proportionnée aux buts légitimes poursuivis et donc « nécessaire dans une société démocratique »[95].

Les modes de preuve intrusifs ne cessent de se développer sous l'effet de l'apparition d'innovations technologiques. Ils concernent l'enquête pénale traditionnelle, à la suite d'une infraction consommée, mais également l'enquête proactive[96]. Dans le cadre de

---

[93] C'est un système de géolocalisation par satellite.

[94] CEDH, Uzun c. Allemagne, *op. cit.* p.30 et ss.

[95] Au sens de l'art. 8 § 2 de la Convention européenne de sauvegarde des droits de l'homme et des libertés fondamentales.

[96] VERGÈS (E), « La géolocalisation : une preuve pénale licite au regard de l'article 8 de la Convention EDH ? Analyse comparée des positions adoptées par la Cour de cassation et la Cour EDH (Cass. crim. 22 nov. 2011 ; CEDH, 2 sept. 2010, n° 35623/05, *Uzun c/ Allemagne*) », RDLF 2012, chron. n°04 ; voir

l'élaboration de normes sur l'application de la géolocalisation, il conviendrait de tenir compte selon que certaines infractions nécessiteraient de recourir à la géolocalisation instantanée à titre préventif ou la géolocalisation en différée lorsque les infractions ont déjà été commises et dont on a besoin de retracer le parcours des suspects. Seul ce dernier aspect correspond à la pratique observée au Cameroun dans les enquêtes impliquant de recourir aux technologies numériques.

La géolocalisation en temps différé consiste à retracer le parcours ou l'historique des déplacements d'une personne ou d'un objet plusieurs jours ou mois après qu'ils aient eu lieu. À cette fin, les enquêteurs peuvent, dans le cadre de la résolution de certaines affaires, solliciter la transmission de données conservées notamment par les opérateurs de communications électroniques ou par toute personne ou tout organisme public ou privé permettant de retracer lesdits déplacements. Ce procédé permet notamment de recueillir des éléments permettant d'établir ou d'exclure la présence du possesseur d'un objet à proximité du lieu de commission de l'infraction[97].

Les juges distinguent la géolocalisation « *en temps différé* » de la géolocalisation « *en temps réel* » par le fait qu'il est jugé moins attentatoire à la vie privée[98]. La chambre criminelle de la Cour de cassation française rattache la géolocalisation en différé à des textes

---

l'adresse :http://www.revuedlf.com/droit-penal/preuve-penale-la-geolocalisation-face-al%E2%80%99article-8-de-la-cedh/.

[97] Groupe de travail CYBERLEX / CECYF, « La procédure pénale face aux évolutions de la cybercriminalité et du traitement de la preuve numérique : propositions pour une efficacité juridique renforcée », *op. cit. p. 28*.

[98] *Ibid.*

généraux[99]. Les dispositions spécifiques applicables à la géolocalisation en temps réel ne lui sont pas applicables, comme l'a d'ailleurs rappelé la chambre criminelle de la Cour de cassation française dans un arrêt du 2 novembre 2016[100].

En clair, le recours à la géolocalisation est un procédé important qui permet de prévenir et réprimer efficacement les infractions informatiques. Mais la recherche d'un équilibre entre protection de la vie privée, sécurité et contrôle doit être primordiale afin de garantir le maintien d'une société démocratique, car la géolocalisation doit avoir un cadre juridique précis, tout comme les autres moyens d'investigation[101]. Il est néanmoins important que les services de police soient suffisamment outillés (recueillir des preuves par des techniques comme la géolocalisation) face à cette forme de criminalité de plus en plus organisée qu'est la cybercriminalité.

B. La consécration des procédés de saisie numérique, de conservation rapide des données informatiques et d'interception desdites données

Il importe de distinguer au préalable la saisie du support informatique (un ordinateur, un Smartphone, un disque dur, etc.) et la saisie de données informatiques intégrées dans un support. En effet, un ordinateur (le support) peut être saisi

---

[99] . L'art 60-1 du Code de procédure pénale lors d'une enquête de flagrance, l'art 77-1-1 du Code de procédure pénale qui règlemente les réquisitions aux fins de communication dans le cadre de l'enquête préliminaire et l'article 81 du Code de procédure pénale concernant les actes d'information jugés utiles pour la manifestation de la vérité auquel peut se livrer le juge d'instruction.

[100] Cass. Crim. 2 nov. 2016, n°16-82.376.

[101] QUEMENER (M). « La géolocalisation : un outil de protection ou de surveillance ? », *Sécurité et stratégie*, vol. 15, n°. 4, 2013, *op. cit.*, p.17.

sans que les données qui y sont stockées ou auxquelles il permet d'avoir accès le soient, et inversement.

Notre approche se limitera à la saisie des preuves numériques, nous examinerons seulement les règles relatives à la saisie des données informatiques, sans évoquer celles applicables à la saisie du support sur lequel celles-ci sont stockées.

La possibilité de saisir des données informatiques a été introduite au Cameroun à la faveur de la loi de 2010 relative à la cybersécurité et la cybercriminalité. Avant cela, la saisie de données n'était pas possible sans que le support matériel abritant ces données soit également saisi. En effet, puisque la saisie de droit commun requiert en principe une dépossession, la copie de données n'était pas considérée comme une saisie. L'introduction par le législateur de la saisie de données informatiques a permis de remédier à cet écueil. Ainsi au sens de 55 (1) de la loi de 2010, « *Lorsqu'il apparaît que les données saisies ou obtenues au cours de l'enquête ou de l'instruction ont fait l'objet d'opérations de transformation empêchant d'accéder en clair ou sont de nature à compromettre les informations qu'elles contiennent, le Procureur de la République, le Juge d'Instruction ou la juridiction de jugement peuvent réquisitionner toute personne physique ou morale qualifiée, en vue d'effectuer les opérations techniques permettant d'obtenir la version en clair desdites données* ».

Une autre mesure procédurale importante consacrée par la loi de 2010 sur la cybersécurité et la cybercriminalité est celle de la conservation des données des utilisateurs des réseaux de communications électroniques ou des systèmes d'information. En effet, l'article 35 (1) de cette loi stipule que les personnes qui assurent, même à titre gratuit, le stockage des signaux, d'écrits, d'images, de sons ou de messages de toute nature fournis par les destinataires de ces services doivent conserver, pendant une durée de dix (10) ans, les données permettant l'identification de toute personne ayant contribué à la création du contenu des services dont elles sont prestataires. Cette exigence vise ainsi à garantir la disposition d'informations cruciales à la conduite d'éventuelles enquêtes liées à la cybercriminalité notamment. Il en est de même en ce qui concerne l'interception des données.

Selon les dispositions de l'article 49 de la loi sur la cybersécurité et la cybercriminalité, les OPJ ont le pouvoir d'intercepter, enregistrer ou transcrire toute communication électronique. L'article suivant précise que : « *Si les opérateurs de réseaux de communications électroniques ou les fournisseurs de services de communications électroniques procèdent au codage, à la compression ou au chiffrement des données transmises, les interceptions correspondantes sont fournies en clair aux services qui les ont requis* ». Le fournisseur de services de communications électroniques est en outre tenu au secret professionnel s'agissant des réquisitions reçues.

La prise en compte de l'évolution technologique pour améliorer le cadre de prévention et de répression des actes de cybercriminalité traduit l'engagement du Cameroun à faire face à tous ses défis. La répression des cyberinfractions est sur le bon chemin au Cameroun au regard de l'aménagement de nouvelles règles dans la conduite des enquêtes. Une répression plus efficace doit être scellée par les institutions indiquées, sur cette question, il existe plusieurs acteurs qui interviennent, qu'il s'agisse des acteurs traditionnels de répression ou des acteurs spécifiques.

Section II : l’approche institutionnelle de la répression

La cybercriminalité s’impose incontestablement comme un phénomène criminel majeur auquel font face les sociétés africaines qui découvrent et expérimentent les technologies de l’information et de la communication. L’essor de ces dernières, dont l’importance est avérée quant au développement économique, social et culturel de l’Afrique, a laissé apparaitre une nouvelle forme de criminalité au moyen d’Internet.

Dans l’optique de maîtriser et de mieux combattre ce phénomène contemporain, certains États africains se sont engagés dans une entreprise institutionnelle qui s’est traduite par la création d’importants dispositifs structurels de répression dont l’ambition est de donner aux citoyens, aux praticiens du Droit et aux États africains des armes juridiques efficaces de la prévention et de la répression de la cybercriminalité.

La question de la cybercriminalité est traitée avec du sérieux au Cameroun. Au regard de la spécificité de cette menace et des enjeux liés au développement exponentiel des technologies numériques, le Cameroun a mis sur pied nombre de structures pour lutter contre les dérives dans le cyberespace. On retrouve au rang de ces structures les institutions classiques du système judiciaire (Paragraphe I) ainsi que des institutions spécialisées (Paragraphe II). Ces organes sont des autorités administratives différentes des organismes privés.

Paragraphe I : le rôle des institutions classiques de lutte contre la criminalité

Comme dans tous les pays du monde, il a été aménagé au Cameroun des institutions en vue d’assurer la justice sociale. Il s'agit en réalité du rôle fondamental de l'État, qui au nom du pacte social, doit garantir la sécurité des biens et des personnes. Ainsi, des services de sécurité publique ont été créés afin de jouer son rôle. Au Cameroun, il s'agit de la Délégation générale à la Sureté nationale et de la Gendarmerie. Elles s'occupent de la justice sous l'angle de la police judiciaire (A) et sous le contrôle des magistrats qui se chargent de juger les personnes susceptibles d'être des délinquants sociaux (B).

A. Le rôle de la police judiciaire dans la lutte contre la cybercriminalité

Travaillant sous le contrôle des magistrats, la police judiciaire est chargée de la mise en œuvre concrète de l'enquête dans la procédure pénale. Elle constitue à ce titre l'un des principaux auxiliaires du juge[102]. Ses membres sont des fonctionnaires dotés de la qualité d'officier ou d'agent de police judiciaire.

Tous les policiers ne sont donc pas chargés d'une mission de police judiciaire, et la police judiciaire n'est pas uniquement composée de policiers. Certains gendarmes, mais encore les maires et leurs adjoints, possèdent la qualité d'officier de police judiciaire.

La police judiciaire a une mission d'investigation et de répression des infractions. Dans l'exercice de leur mission d'enquête, les officiers de police judiciaire peuvent recourir à certains moyens de coercition : garde à vue, perquisition, saisie. Ils exercent ces prérogatives dans un cadre juridique particulièrement précis et sous le contrôle de l'autorité judiciaire, gardienne de la liberté individuelle[103].

---

102 https://www.vie-publique.fr/fiches/268573-quel-est-le-role-de-la-police-judiciaire-dans-la-procedure-penale (consulté le 03 décembre 2023).
103 *Ibid.*

La police judiciaire reçoit également les plaintes déposées par les victimes d'infractions et les transmet le cas échéant au service territorialement compétent[104].

Parlant de la police judiciaire camerounaise particulièrement, elle est chargée :

- De coordonner les techniques de la recherche criminelle ;
- De lutter contre la grande criminalité nationale, internationale et transnationale, sous toutes les formes ;
- De diligenter les enquêtes criminelles et économiques ;
- De coordonner les méthodes et techniques d'identification ;
- De diffuser et de faire exécuter les directives des magistrats compétents ;
- D'élaborer les synthèses criminelles105.

Dans un contexte mondial marqué par le développement exponentiel des technologies de l'information, les cybercriminels disposent de la matière pour améliorer leurs techniques[106].

Le phénomène de la cybercriminalité est par conséquent devenu aujourd'hui une préoccupation mondiale[107]. Ainsi, Internet se révèle comme un lieu privilégié pour la commission non seulement de crimes et délits relevant de la criminalité classique, mais aussi informatique. En effet,

---

[104] *Idem.*

[105] https://www.dgsn.cm/wp-content/uploads/2020/01/Plaquette-journee-porte-ouverte.pdf (consultée le 03 décembre 2023).

[106] https://www.dgsn.cm/wp-content/uploads/2020/01/Depliant-cybercriminalit%C3%A9.pdf (consulté le 03 décembre 2023).

[107] MARTIN (D) et MARTIN (F-P), *Cybercrime : menaces, vulnérabilités et ripostes*, Paris, Presses universitaires de France (PUF), coll. Criminalité internationale, 2001, p.290.

Internet n'a pas seulement favorisé la perpétration d'actes de criminalité ordinaire, mais il a aussi modernisé cette criminalité et a donné naissance à de nouvelles infractions.

La cybercriminalité, cette menace de grande ampleur qui affecte les États dans divers domaines[108] n'a pas laissé la Communauté internationale indifférente. Plusieurs mesures législatives ont été ainsi adoptées[109] tant sur les plans national, régional qu'international pour la combattre.

De plus en plus, les pays du monde s'organisent afin d'apporter la riposte adéquate et le Cameroun n'est pas en reste. C'est dans ce contexte que le Délégué général à la Sûreté nationale, par Note de Service N° 47/DGSN/SG/DPJ du 23 mars 2018, a créé au sein de la Direction de la Police judiciaire, l'Unité spéciale de Lutte contre la Cybercriminalité (USLUCC). Cette Unité a pour principale mission l'Investigation numérique, le Renseignement numérique, et la lutte contre la Cybercriminalité et le cyberterrorisme.

En matière d'investigation numérique, elle est présente sur les scènes de cybercrime pour rechercher, collecter, préserver, analyser et mettre sous une forme exploitable par

---

[108] Sur le plan économique, par exemple, la cybercriminalité touche les entreprises publiques et privées, on estime à 1000 milliards de dollars les pertes occasionnées par la cybercriminalité en 2008 (Étude réalisée par l'éditeur d'antivirus McAfee, présentée au *« Forum économique mondial de Davos).* Sur le plan sécuritaire, elle met à l'épreuve les stratégies classiques de défense des États, etc.

[109] Convention sur la cybercriminalité, Budapest, 23XI.2001, Convention de l'Union africaine sur la cybersécurité et la protection des données à caractère personnel, Malabo, 27 juin 2014, règlement n° 21/08-08-UEAC-133-CM-18 du 19 décembre 2008 relatif à l'harmonisation des règlementations et des politiques de régulation des communications électroniques au sein des États membres de la CEMAC, la décision- cadre 2 2005/222/JAI du conseil de l'Europe du 24 février 2005 relative aux attaques visant les systèmes d'information…

la justice les traces ou preuves numériques. Cette Unité écoute et surveille les réseaux sociaux tout en effectuant des enquêtes judiciaires portant sur les infractions visant ou utilisant des systèmes informatiques ou téléphoniques. Elle a en son sein des fonctionnaires de Police hautement qualifiés et aguerris qui sont périodiquement renforcés sur la question de la cybercriminalité.

L'intervention de l'Unité spéciale de Lutte contre la Cybercriminalité s'avère donc d'une grande importance en termes d'expertise pour les juridictions afin de les aider à prendre les bonnes décisions et de rendre justice au nom du peuple camerounais.

B. Le rôle des juridictions dans la répression de la cybercriminalité

L'existence de l'être humain est caractérisée par trois paramètres de subsistance : l'effort dans le bien, l'oisiveté et la déclinaison dans le mal. C'est dans ce dernier module caractériel que s'illustrent les différentes formes de délinquance, qu'elles soient violentes ou anodines, directes ou de conséquence. Les actions acceptées permettant à toutes victimes d'entreprendre la démarche à même de la remettre dans ses droits et solliciter la réparation des préjudices subis sont portées entre les mains du procureur de la République ou devant l'autorité compétente indiquée par le texte portant procédure pénale dans l'ordonnancement juridique considéré[110].

Il en est ainsi depuis pour les infractions traditionnelles jusqu'à la survenance de celles dites émergentes, lesquelles remettent en cause quelques maillons de la chaîne de

---

[110] DOSSA (E-C), « Le traitement judiciaire du blanchiment de capitaux et du financement du terrorisme en République du Bénin », *KAS African Law Study Library – Librairie africaine d'Études juridiques* vol. 4, 2017, pp.332-381 (spéc. 332).

procédure ordinaire. Au rang des déviances illustratives s'inscrit la cybercriminalité, dont la poursuite des présumés auteurs est singularisée avec une série de recherches, de quêtes de cohérence procédurale.

En cas de survenance d'une infraction relevant de la cybercriminalité, des poursuites sont possibles conformément au Code de procédure pénal. Il y a que le Code de procédure pénal s'applique en premier lieu pour les infractions informatiques traditionnelles qui ont été commises en recourant aux technologies numériques. Dans ce cas de figure, les tribunaux se chargent de trancher les litiges jugés aptes à passer en jugement. À ce niveau, les juges n'éprouvent pas de grandes difficultés pour rendre leurs décisions.

Conscient de ce que la cybercriminalité a un versant très technique, le législateur camerounais a prévu des mécanismes de soutien aux tribunaux afin de les permettre de rendre la justice en ayant tous les éléments pour. Comme le prévoit la loi de 2010, « *En cas d'infraction cybernétique, les Officiers de Police judiciaire à compétence générale et les agents habilités de l'Agence, procèdent aux enquêtes conformément aux dispositions du Code de Procédure pénale* »[111]. Le code de procédure pénale, en son article 53, donne une définition de ce qu'on entend par OPJ[112].

L'article 55, alinéa 1 de cette loi va plus loin et prévoit que « *Lorsqu'il apparaît que les données saisies ou*

[111] Voir l'article 52 (1) de la loi de 2010, mentionnée précédemment.

[112] « *Les Officiers de Police judiciaire et les agents habilités de l'Agence peuvent, lors des investigations, accéder aux moyens de transport, à tout local à usage professionnel, à l'exclusion des domiciles privés, en vue de rechercher, de constater les infractions, de demander la communication de tous les documents professionnels et en prendre copie, recueillir, sur convocation ou sur place, les renseignements et justifications* ».

obtenues au cours de l'enquête ou de l'instruction ont fait l'objet d'opérations de transformation empêchant d'accéder en clair ou sont de nature à compromettre les informations qu'elles contiennent, le Procureur de la République, le Juge d'Instruction ou la juridiction de jugement peuvent réquisitionner toute personne physique ou morale qualifiée, en vue d'effectuer les opérations techniques permettant d'obtenir la version en clair desdites données ». L'alinéa 2 précise que « *Lorsqu'un moyen de cryptographie a été utilisé, les autorités judiciaires peuvent exiger la convention secrète de déchiffrement du cryptogramme* ». Ces dispositions montrent bien que les dispositions ont été prises pour permettre aux juges de trancher les affaires de cybercriminalité avec tous les moyens possibles pour concourir à la manifestation de la vérité. On peut donc dire que les tribunaux camerounais ne sont pas étrangers à la question de la cybercriminalité, car le législateur a aménagé un ensemble de mesures visant à les aider à rendre la justice et sanctionner les contrevenants, les cyberdélinquants.

Parce que le phénomène de cybercriminalité est une forme de criminalité d'une manière ou d'une autre, il est logique que les organismes traditionnels de lutte contre la criminalité interviennent pour faire face à cette menace qui porte atteinte aux personnes et à leurs biens ainsi qu'à la paix publique. Mais, conscient de ce que la cybercriminalité est une menace protéiforme et donc complexe, le gouvernement camerounais a dû mettre en place des structures spécialisées pour maximiser la lutte.

Paragraphe II : l'implication des institutions spécialisées dans la lutte contre la cybercriminalité

Depuis l'avènement de l'Internet en Afrique vers les années 1990, et l'octroi des premières concessions de téléphonie mobile dans les années 2000, les citoyens vivent les bienfaits et les méfaits du cyberespace.

Toutefois, la recrudescence des actes de cybercriminalité et de cyberterrorisme a incité les États du continent à prendre des mesures stratégiques importantes.

Au Cameroun, trois structures sont en charge de la gestion de la question de cybersécurité et de la cybercriminalité. D'une part, le ministère des Postes et Télécommunications (MINPOSTEL) élabore et met en œuvre la politique de sécurité des communications électroniques et des systèmes d'information, en fonction de l'évolution technologique et des priorités du gouvernement dans le domaine (A). D'autre part, l'Agence nationale des technologies de l'information et de la communication (ANTIC) collabore avec l'Agence de régulation des télécommunications (ART) pour assurer, pour le compte de l'État, la régulation, le contrôle et le suivi des activités liées à la sécurité des systèmes d'information et des réseaux de communications électroniques, ainsi que la certification électronique (B).

A. L'approche du Minpostel dans la lutte contre la cybercriminalité

Le MINPOSTEL est responsable de l'élaboration et de la mise en œuvre de la politique du Gouvernement en matière des postes, des télécommunications et des technologies de l'information et de la communication. À ce titre :

- Il étudie, réalise ou fait réaliser les équipements et infrastructures correspondants aux secteurs des Postes et des Télécommunications ;
- Il assure le développement des Technologies de l'Information et de la Communication (TIC) ainsi que des communications électroniques sous toutes leurs

formes en liaison avec les Administrations concernées ;

- Il assure la promotion des investissements dans le secteur en liaison avec le ministère de l'Économie, de la Planification et de l'Aménagement du Territoire et les Organismes concernés ;
- Il assure ou fait assurer la formation des personnels de son secteur ;
- Il suit les activités des sociétés de télécommunications mobiles ou par satellites ;
- Il suit les activités liées au commerce électronique et les questions de cybersécurité et de cybercriminalité, en liaison avec les Administrations concernées ;
- Il élabore, analyse et tient les statistiques relatives aux domaines des Postes etTélécommunications et des Technologies de l'Information et de la Communication (TIC) ;
- Il suit les activités des organismes de régulation intervenant dans son secteur decompétence ;
- Il assure la liaison entre le Gouvernement et l'Union Postale universelle (UPU)ainsi qu'avec l'Union Internationale des Télécommunications (UIT) en liaison avecle ministère des Relations extérieures.

Il exerce la tutelle sure : l'Agence de Régulation des Télécommunications (ART) ; l'Agence Nationale des Technologies de l'Information et de la Communication (ANTIC) ; la Cameroon Postal Services (CAMPOST); la Cameroon Télécommunications (CAMTEL). Il exerce, en outre, la tutelle technique sur l'École Nationale Supérieure des Postes et Télécommunications (ENSPT).

Le Cameroun a planifié le développement des services en ligne à travers le projet de mise en œuvre de la dématérialisation des procédures des services de l'État, qui consiste en la mise en ligne des services publics. Ce projet vise à rendre un meilleur service aux citoyens camerounais et à réduire sensiblement la corruption. Il s'agit également de la mise en œuvre et du développement des applications dans un environnement sécurisé. C'est l'aspect applicatif du Projet-Programme de l'e-Government.

Le ministère des Postes et Télécommunications est chargé, par ailleurs, de l'élaboration de la stratégie de développement et de la mise en place d'un plan directeur de déploiement de l'e-Government, tandis que l'ANTIC, en tant que bras séculier de l'État en matière des TIC et de la cybersécurité, a notamment les missions de conception, de suivi et de contrôle de la mise en œuvre de la politique du Gouvernement en matière de gouvernance électronique[113].

Afin de permettre aux citoyens camerounais de profiter de tout ce que leur offre le cyberespace dans des conditions de sécurité avérées, le Gouvernement a fait de l'Infrastructure nationale à Clé publique une base technologique fondamentale pour la sécurisation de son cyberespace et l'un des axes stratégiques de réussite d'une telle initiative[114].

De plus, le MINPOSTEL, dans sa mission d'élaboration et de mise en œuvre de la politique de sécurité des communications électroniques et des systèmes d'information, multiplie les campagnes de prévention à travers les sensibilisations et les interpellations régulières[115].

---

[113] https://camgovca.cm/fr/accueil/historique.html (consulté en ligne le 04 décembre 2022).

[114] *Ibid.*

[115] C'est le cas de l'atelier tenu le 26/08/21 à Bertoua, https://www.minpostel.gov.cm/index.php/fr/actualites/378-lutte-contre-la-cybercriminalite-les-autorites-de-bertoua-sensibilisees consulté en ligne le 04 décembre 2022).

Il y a lieu de rappeler que le ministère des Postes et Télécommunications a engagé, depuis plusieurs années et, sur prescriptions du Chef de l'État, une campagne nationale visant à promouvoir la culture de la cybersécurité et à sensibiliser à l'utilisation responsable des réseaux sociaux, sous le thème : « *Tous mobilisés pour la cybersécurité au Cameroun* ». C'est une campagne qui a pour but de mobiliser toutes les couches sociales dans la lutte contre la cybercriminalité et la cyberdélinquance au Cameroun. Selon le ministre des Postes et Télécommunications : « *Il s'agit de manière pratique d'une démarche associant tous les acteurs de la société camerounaise, afin de bâtir une véritable coalition nationale pour la promotion de la culture de la cybersécurité et sensibilisation à l'usage responsable des réseaux sociaux. Il s'agit surtout, à travers des actions bien ciblées, d'assurer la protection de notre cyberespace et évidemment de notre tissu économique, et de manière spécifique, les composantes les plus vulnérables de notre société, à savoir les femmes, les jeunes et les enfants* »[116].

Dans le cadre de ses activités de lutte contre les cybercrimes au Cameroun, outre les actions du MINPOSTEL, s'inscrivent celles de L'ANTIC et l'ART, qui sont des bras séculiers de l'État dans le cadre de la lutte contre la cybercriminalité et de ma cybersécurité.

B. Les actions de l'ANTIC dans la répression de la cybercriminalité

L'ANTIC, en collaboration avec l'ART, assure pour le compte de l'État la régulation, le contrôle et le suivi des activités liées à la sécurité des systèmes d'information et des réseaux de communications électroniques ainsi que la certification électronique.

---

[116] *Ibid.*

L'Agence Nationale des Technologies de l'Information et de la Communication, en abrégé ANTIC, est un établissement public administratif doté d'une autonomie financière. Elle est créée par le décret présidentiel n°2002/092 du 8 avril 2002 modifié et complété par le décret n°2012/180 du 10 avril 2012 qui fixe l'organisation et son fonctionnement. L'ANTIC a, entre autres missions :

- La promotion et le suivi de l'action des pouvoirs publics en matière des Technologies de l'Information et de la Communication ;
- Le contrôle des opérations de sécurité des réseaux de télécommunications électroniques et des systèmes informatiques, ainsi que des ressources de nommage (les noms de domaine en. cm) et d'adressage (les adresses IP) ;
- La veille sécuritaire ;
- L'audit de sécurité ;
- La certification électronique.

L'ANTIC compte à ce jour 7 Directions opérationnelles dans les services centraux. Il s'agit de :

- La Division de la Normalisation et de la Coopération
- La Division des Études et du Développement des TIC
- Le Centre d'infrastructure à Clé publique
- Le Centre de Réponses aux Incidents de Sécurité informatique
- La Division des Audits de Sécurité
- La Division des Affaires juridiques
- La Direction des Affaires générales.

En ce qui concerne son organisation en matière de cybersécurité, l'ANTIC compte en son sein un centre de veille sécuritaire : le CIRT (Computer Incidence Response Team), une Division d'audit de sécurité des systèmes d'information dont le rôle est de tester les systèmes des organismes afin d'y détecter les failles et les vulnérabilités. Elle fait des recommandations qui visent à assurer leur sécurité. Un Centre de certification encore appelé Centre PKI (public Key Infrastructure) qui permet de sécuriser les applications du cyberespace camerounais[117].

L'ANTIC s'appuie sur ces trois directions pour remplir sa mission de lutte contre la cybercriminalité et assurer la sécurité du cyberespace camerounais.

De manière spécifique, les principales actions ci-après ont été menées : La mise en place de deux laboratoires de cybersécurité à la Direction de la Police judiciaire de la Délégation générale à la Sûreté nationale et à l'École Nationale Supérieure Polytechnique, chargés de l'investigation numérique. On note également la mise en place des réseaux de surveillance et de vidéosurveillance du cyberespace camerounais au sein des Administrations compétentes chargées de la sécurité publique. Une campagne d'identification des abonnés des réseaux téléphoniques a débuté depuis 2016, et sera renforcée, par la mise en place d'une plate-forme numérique d'identification des abonnés et de monitoring du trafic des communications électroniques. Grâce à cette plate-forme, le Gouvernement entend disposer d'un outil lui permettant de maîtriser l'identité de tous les utilisateurs des réseaux téléphoniques et, ainsi, de lutter efficacement contre la cybercriminalité. Un audit de la qualité du service offert par les opérateurs de téléphonie mobile visant entre autres à s'assurer de la fiabilité de leurs équipements tout en proposant des mesures correctives ; La veille sécuritaire avec, notamment, le monitoring en temps réel des infrastructures sensibles, l'émission de bulletins et d'alertes

---

[117] https://antic.cm/index.php/fr/cybersecurite/cybercriminalite/96-l-agence?start=6 (consulté en ligne le 04 décembre 2023).

de sécurité, l'élaboration des référentiels de sécurité, etc. ; L'audit des systèmes d'information des Administrations publiques ; la sensibilisation et la formation de tous aux bonnes pratiques sécuritaires.

À ce jour, l'ANTIC a élaboré le premier *draft* de la stratégie de régulation de l'Internet qui sera soumis à l'examen participatif de toutes les parties prenantes (acteurs institutionnels, secteur privé et société civile), avant sa soumission à la validation par qui de droit. Cette stratégie a pour objectif « Internet pour tous, partout et sécurisé »[118].

Par ailleurs, l'ANTIC, de concert avec les Fournisseurs de Services Internet (FSI), s'emploie à l'implémentation d'un Point d'Échange Internet (IXP) national (infrastructure essentielle dans la régulation de l'Internet) qui devrait, entre autres, permettre d'avoir un contrôle centralisé sur le trafic Internet national et d'assurer la sécurité des internautes.

Dans ce cadre, l'ANTIC a engagé, avec le concours des FSI et des Local Internet Registries (LIR), le développement d'une plate-forme qui va améliorer la traçabilité des adresses IP en exploitation dans le cyberespace national[119].

Parvenu au terme de ce chapitre, il a été question de présenter l'analyse d'un traitement judiciaire des cyberinfractions au Cameroun. Cette analyse montre qu'il est nécessaire d'aménager les règles procédurales et le rôle incarné et joué par les instances institutionnelles tant classiques que spécialisées dans la mise en œuvre d'un traitement du système judiciaire au Cameroun. Ce traitement vise non seulement à maintenir l'ordre public, mais aussi l'État de droit.

---

[118] *Ibid.*
[119] *Ibidem.*

Conclusion de la première partie

Envisager la répression des cyberinfractions au Cameroun comme une réalité se justifie aujourd'hui la place qu'occupe le numérique au sein du système politique camerounais, ou encore de la stratégie gouvernementale mise en place par l'État du Cameroun pour préserver sa souveraineté numérique et son cyberespace. Partant du constat de l'incrimination des cyberinfractions en droit pénal camerounais ; il n'est pas vain de rappeler que ce qui fait la particularité et la légitimité de ces cyberinfractions est celle de la liberté d'expression dans les plates-formes numériques et usages informatiques.

En effet, partant du constat évident d'une incrimination des cyberinfractions en droit pénal camerounais ; celle-ci est d'autant plus liée à l'adaptation des infractions classiques liées à l'usage des TIC, justifiant la nécessité des actes criminels dans l'optique de porter atteinte tant aux données informatiques, mais aussi à celles de la dignité humaine. Dès lors, la nécessité de l'adoption d'une protection pénale adaptée aux incriminations spécifiques liées aux TIC vient protéger et assurer une sécurité, une tranquillité, et une stabilité juridiques des systèmes informatiques et données numériques au Cameroun ; visant non seulement à réprimer tout acte ou action criminelle liée à l'usage des TIC, mais aussi à garantir la paix et le maintien de l'ordre public.

SECONDE PARTIE :

Le traitement perfectible de la cybercriminalité au Cameroun

Au-delà de la perception du phénomène de la cybercriminalité saisie par le législateur camerounais, il importe, tout de même, de soutenir que des mesures sont implémentées pour y remédier. Et, pour y parvenir, il est impératif de relever certaines limites, tant du côté législatif que dans la sphère institutionnelle. Il s'agit de ressortir des règles de fond et celles spécifiques. Et, d'un autre côté, d'évoquer des lacunes institutionnelles. Cela étant, une nouvelle orientation dans ce processus de remédiation nous conduit à repenser à l'infraction cybercriminelle afin de la parfaire. Ce qui nécessita une conceptualisation nouvelle d'une politique globale de lutte anti-cybercriminelle. De ce fait, il convient de présenter des limites du système de répression pénale de la cybercriminalité (Chapitre I) et d'entrevoir des conditions d'amélioration de ladite répression (Chapitre II).

CHAPITRE I :

Les limites du système de répression pénale de la cybercriminalité

La question s'est posée en doctrine de savoir si le droit pénal traditionnel était apte à s'appliquer à la cybercriminalité ou s'il fallait l'adapter[120]. En effet, dans les années 2000, la délinquance informatique en était encore, selon l'expression du professeur Gassin, dans des « limbes »[121]. Cependant, les pénalistes semblaient *« à peu près complètement surpris par la nouvelle délinquance suscitée par le développement du phénomène informatique »*[122]. Deux courants doctrinaux se sont alors affrontés sur la question de savoir si l'infraction cybercriminelle doit donner lieu à une incrimination

---

[120] QUÉMÉNER (M.) & CHARPENEL (Y.), *Cybercriminalité, Droit pénal appliqué*, Economica, 2010, n°698, p.272. LARRIEUX (J.), *Droit de l'Internet*, Ellipses Marketing, 2e éd., Paris, 2010, p. 120. FOREST (D.). & KAUFMAN (G.), *Droit de l'informatique*, éditions Gualino-Lextenso, Paris, DL, 2010, p.112.

[121] Les premières recherches criminologiques d'importance sur les « computer abuse » ont été faites aux États-Unis au début des années 70 par le « Stanford Research Institute ». En Europe, c'est l'Allemagne Fédérale qui engagea les premières recherches significatives dès 1974 par l'Institut de criminologie et de droit pénal des affaires de Freiberg – en – Brisgari sous la direction du professeur Tied-man sur la délinquance d'affaires commise à l'aide d'ordinateurs.

[122] GASSIN (R.), *op.cit.* Cet auteur relève cependant les travaux pionniers de l'Institut de sciences criminelles de Poitiers alors dirigé par le Professeur Bradel qui, le premier a organisé une journée d'étude « informatique et droit pénal », le 15 nov. 1980, dont les travaux ont été publiés aux éd. Cujas en 1983.

spécifique ou si au contraire, les dispositions existantes du droit pénal classique sont aptes à régir l'univers virtuel.

Cette question traduit bien la difficulté du droit pénal à se saisir du phénomène de la cybercriminalité. Outre les difficultés liées à l'impossibilité de transposer les solutions traditionnelles, il y a les problèmes nés de la modification des comportements consécutive au développement des TIC qui créent une nouvelle forme de criminalité favorisée par l'environnement numérique. De même, la cybercriminalité étant par définition une criminalité transnationale[123], en raison de la circulation internationale des données dans le cyberespace, toute lutte isolée est vouée à l'échec[124].

En tout état de cause, pour faire la lumière sur la pléthore les limites du système de répression pénale de la cybercriminalité, il convient de les présenter selon qu'elles sont d'ordre normatif (Section I) ou d'ordre institutionnel (Section II).

Section I : les limites normatives à l'efficacité de la répression de la cybercriminalité

Avant les lois de 2010, la législation pénale camerounaise présentait beaucoup d'insuffisances en matière de lutte contre la cybercriminalité, toute chose obligeant le juge à recourir à l'analogie[125]. Or, notre

---

123 ASCENSIO (H.), DECAUX (E.) et PELLET (A.), *Droit international pénal*, Éditions A. Pedone, Paris, 2012, p.1053.

124 QUEMENER (M.) & CHARPENEL (Y.), *Cybercriminalité : droit pénal appliqué*, Éditions Economica, 2010, p.272. PRADEL (J.) & DALLEST (J.), *La criminalité organisée en droit français, Droit international et Droit Comparé*, Éditions LexisNexis, Paris, 2012, p468. WAUTELET(M.), *Les cyber conflits, Internet, autoroutes de l'information et cyberespace: Quelles menaces ?* Éditions Complexe, GRIP, Bruxelles, 1998, p.102.

125 TOURE (P-A.), *Le traitement de la cybercriminalité devant le juge : L'exemple du Sénégal*, Éditions L'Harmattan, mars 2014, p.618.

législation, comme la plupart des législations modernes, s'accommode mal d'une interprétation extensive ou analogique, en raison de son attachement au principe de légalité[126]. En effet, selon l'article 17 du Code pénal, *« les peines et les mesures sont fixées par la loi et ne sont prononcées qu'à raison des infractions légalement prévues »*.

Les difficultés normatives quant à la répression de la cybercriminalité tiennent ainsi des règles de fond (Paragraphe I) et des règles processuelles (Paragraphe II).

Paragraphe I : les limites issues des règles de fond

À ce stade de notre étude, on distinguera les limites propres aux cyberinfractions (A) de celles issues des lois spécifiques à la cybercriminalité (B).

A. Les limites propres aux cyberinfractions classiques

La principale difficulté ici est celle de l'adaptation du droit pénal au phénomène criminel par voie cybernétique. La détermination de l'infraction cybernétique n'est pas une entreprise aisée. Au niveau de l'incrimination, le premier obstacle part de l'appréhension même de la notion de cybercriminalité qui ne fait pas l'unanimité comme il a été relevé supra[127]. Par exemple, selon une acception courante, un cyberdélit désigne toute activité mettant en jeu des

---

[126] VITU (A.), « Le principe de la légalité criminelle et la nécessité de textes clairs et précis », *Observations sous Cass.crim.* 1er février 1990, Rev.sc.crim., 1991, p.555.

[127] cf. notre Introduction n° 13, p.9.

ordinateurs ou des réseaux en tant qu'outil, cible ou lieu d'une infraction[128].

Or, cette définition, qui a l'avantage de la largesse, pose quelques problèmes, notamment en ce qu'elle recouvre également les délits traditionnels, tels que le meurtre, dans la mesure où l'auteur a utilisé le clavier pour frapper et tuer sa victime, par exemple. Le législateur devra donc se montrer perspicace, pour savoir discerner ce qui rentre dans le champ cybercriminel et ce qui n'y entre pas. Outre cet aspect, le législateur se doit également de sacrifier aux exigences de clarté et de précision[129] dans la rédaction de l'incrimination, entreprise particulièrement difficile en matière de cybercriminalité à cause des caractères à la fois opaque et technique de cette menace.

De plus, du fait du caractère essentiellement changeant et mouvant des TIC, le risque de dépassement de la législation existante et, partant, des vides juridiques demeure important. Or, il faut s'en tenir au sacro-saint principe de la légalité criminelle qui interdit de punir pour tout fait qui n'est pas légalement prévu par la loi. La probabilité du recours aux incriminations de type ouvert est ainsi grande, au risque de sacrifier les exigences de clarté, de précision, de prévisibilité, voire de légalité criminelle tout court.

S'agissant des sanctions, le législateur doit veiller à ce qu'elles répondent aux impératifs de proportionnalité et de nécessité en même temps qu'elles se doivent d'être, ici plus

---

[128] Lire par exemple Carter, Computer Crime Catégories : How techno-criminals operate, FBI Law Enforcement Bulletin, 1995, p. 21, cité par l'UIT, *in* « Comprendre la cybercriminalité, difficultés et réponses juridiques », *op. cit.,* p. 11.

[129] Sur les qualités requises d'une loi pénale, on lira avec intérêt. YAWAGA (S.), « Réflexions sur la constitutionnalisation de certains aspects du droit pénal camerounais de fond », *R.S.C,* 2001, pp. 320-353.

qu'ailleurs, suffisamment dissuasives pour atteindre leur fonction d'intimidation.

B. Les limites issues des lois spécifiques sur la cybercriminalité

Le législateur camerounais a adopté, en 2010, une série de lois relatives à la lutte contre la cybercriminalité. Il s'agit de la loi n° 2010/012 du 21 décembre 2010 sur la cybersécurité et la cybercriminalité au Cameroun, de la loi n° 2010/013 du 21 décembre 2010 sur les communications électroniques et de la loi n° 2010/021 du 21 décembre 2010 sur le commerce électronique.

Signe visible de la détermination des pouvoirs publics à combattre le phénomène de la cybercriminalité, le dispositif législatif n'a cessé d'être étoffé depuis lors à la faveur d'une série de textes règlementaires visant à le renforcer, soit une trentaine de décrets et arrêtés au total.

Ces textes ne présentent cependant qu'une garantie imparfaite de la protection du cyberespace. Ainsi, la principale limite qu'on peut trouver à la loi n°2010/012 est l'impasse que le législateur semble avoir fait sur la question cruciale de la protection des données à caractère personnelles. Ainsi, alors que la question des atteintes aux données à caractère personnel est une réalité dans notre pays, très peu de place est accordée à ce problème dans la loi de 2010. On peut alors constater qu'un seul article est consacré à cette infraction à savoir l'article 74.

Dans le même sens, bon nombre de mesures cybersécuritaires instituées par le législateur de 2010 ne sont pas assorties de sanctions. À titre d'illustration, l'article 46, alinéa 2, fait obligation aux fournisseurs de contenus des réseaux de communications électroniques et des systèmes d'information de mettre en place des filtres pour faire face aux atteintes préjudiciables aux données personnelles et à la vie privée des utilisateurs. Seulement, cette obligation n'est assortie d'aucune sanction. De même, l'obligation d'information des utilisateurs sur les dangers encourus en cas d'utilisation de leur réseau qui pèse sur les opérateurs des réseaux de communications électroniques et les fournisseurs de services de communications électroniques n'est assortie d'aucune sanction[130].

Il faut cependant indiquer que, contrairement à la loi de 2010 sur la cybersécurité et la cybercriminalité, la plupart des obligations imposées aux acteurs du cyberespace n'y sont pas assorties de sanctions. Le législateur, quant à lui, a inclus des sanctions pour la plupart des obligations imposées aux exploitants des réseaux et aux fournisseurs de services de communications électroniques dans la loi sur les communications électroniques. Ainsi, outre ces sanctions ci-dessus citées, ces acteurs du cyberespace fautifs peuvent se voir infliger par l'ART des sanctions pécuniaires particulièrement lourdes pouvant aller de 25 millions à 500 millions de FCFA[131]. C'est encore cet organisme qui est chargé du recouvrement de ces pénalités (article 69, alinéa 11).

---

[130] Cf. article 24 et 27 de la loi n° 2010/012.

[131] Peut être cité aux termes de l'article 69 :

- Le refus sans motifs légitimes des demandes d'interconnexion, d'accès à un réseau ou au service des communications électroniques aux autres opérateurs, punit de 100 millions à 300 millions de FCFA (alinéa 1) ;
- L'exploitation d'un réseau de communications électroniques sans titre d'exploitation, passible de 100 millions à 500 millions (alinéa2) ;
- Le maintien d'un branchement frauduleux, punit de 50 millions à 150 millions (alinéa 3) ;
- L'établissement, la fourniture d'un réseau ou sous-réseau ou service de communications électroniques à des personnes ne disposant pas de titre, punit de 100 millions à 500 millions (alinéa 4) ;

Paragraphe II : les limites issues des règles de procédure

S'agissant du droit pénal processuel, des problèmes se posent à deux niveaux : au niveau des poursuites (A) et en ce qui concerne la recherche des preuves (B).

A. La difficile mise en œuvre des poursuites

Sur le premier point, le problème est celui des difficultés quant à l'exercice des poursuites. Ces difficultés s'expliquent d'abord par l'inadaptation des règles de procédure pénale d'avant 2010 à faciliter l'identification et la détermination de l'auteur d'un comportement cybercriminel, compte tenu de la pluralité des intervenants. L'utilisation des réseaux entraîne en effet, inévitablement, des flux transfrontaliers de données et généralise

---

- La violation d'une décision de suspension ou de retrait du titre d'exploitation, passible de 200 millions à 400 millions (alinéa 5) ;
- Le non-respect d'une clause des cahiers de charges, punit de 100 millions à 200 millions (alinéa 7) ;

Le non-respect des obligations relatives à la fourniture à l'ART et au MINPOSTEL des informations exigées par la règlementation en vigueur en ce qui concerne l'utilisation des fréquences radioélectriques et des équipements de communications électroniques, des délais de fourniture des informations exigées par la règlementation en vigueur, punit de 50 millions à 150 millions d'amendes (alinéa 8) ;

- Le non-respect des obligations relatives à la fourniture à l'ART et au MINPOSTEL des informations exigées par la règlementation en vigueur ou par ces derniers en ce qui concerne l'interconnexion des réseaux publics de communications électroniques, des informations exigées par la règlementation en vigueur ou par ces derniers concernant la recherche et la formation ainsi que l'annuaire universel d'abonnés (alinéa 9).
- L'alinéa 10 prévoit une pénalité de 25 millions à 75 millions en cas de non-respect des obligations relatives à la fourniture à l'ART et au MINPOSTEL des informations exigées autres que celles visées aux alinéas 7 et 8.

l'internationalisation des infractions[132]. Il arrive très souvent que celui qui met en ligne une information illicite reçue dans un pays donné se trouve dans un autre pays.

L'exercice des poursuites apparaît ainsi comme un véritable parcours du combattant lorsque l'infraction est localisée à l'étranger. Or, très souvent en cas d'utilisation des nouvelles technologies à des fins criminelles, l'infraction est localisée à l'étranger. Face aux graves menaces que font peser sur la Communauté internationale les agissements de cette nature, la collaboration des États paraît absolument indispensable.

Mais, face à la diversité des réponses apportées par les différentes législations aux problèmes de la localisation de l'acte, les risques de conflits de compétences sont importants, toute chose de nature à gêner considérablement la répression.

B. Les problèmes d'administration de la preuve

Au sens large, le vocable preuve signifie « l'*établissement de la réalité d'un fait ou de l'inexistence d'un acte juridique* ». Dans un sens restreint en revanche, il renvoie au procédé utilisé à cette fin. Dans cette optique, on parle tantôt de preuve légale qui désigne l'hypothèse où les moyens de preuve sont préalablement déterminés et imposés par la loi, tantôt de preuve libre[133]. La recherche et l'administration des

---

[132] BAUDIN (L.), *Les cyber-attaques dans les conflits armés, qualification juridique, imputabilité et moyens de réponse envisagés en droit international humanitaire*, Paris, Éditions L'Harmattan, Paris, 2014, p.252 . FRANCILLON (J.), *Cybercriminalité aspects de droit pénal international*, Rapport au nom de l'Association internationale de Droit pénal, XIXe Congrès international de Droit pénal, 2013, p.37. PRADEL (J.) & DALLEST (J.), *La criminalité organisée en droit français, Droit international et Droit Comparé*, Éditions Lexis Nexis, Paris, 2012, p.468 .

[133] Pour toutes ces définitions, voir V. GUILIEN (R.) et VINCENT (J.), *op. cit.*, p.349.

preuves numériques ne sont pas évidentes, ceci pour deux raisons : d'une part l'inadaptation des méthodes d'investigations classiques à s'appliquer dans le cyberespace, et d'autre part, les limites intrinsèques de la recherche des preuves au moyen des TIC. Malgré la spécificité et la complexité de la cybercriminalité, qui se commet dans l'univers virtuel, les autorités camerounaises chargées de la recherche des preuves continuent, en raison du manque de dispositions adéquates, d'enquêter comme si les infractions étaient classiques (constatations matérielles, perquisitions, saisies, etc.). Or, le recours à ces procédés de recherche des preuves est souvent inapproprié, car l'objet de l'activité est immatériel, tout comme la localisation des éléments de preuve.

L'accomplissement des actes classiques d'investigation s'avère systématiquement inefficace dans la recherche de preuve de commission de toute cyberinfraction. Il n'y a par exemple aucune différence entre une infraction de presse commise sur Internet et celle commise par les moyens de communication classiques. De même, il n'y a pas de difficulté singulière à appréhender une escroquerie commise par des moyens classiques et une escroquerie commise dans le cyberespace. Cependant, lorsqu'il s'agit de réunir des preuves contre une personne poursuivie pour avoir manipulé le système d'information ou le réseau de communications électroniques d'une autre personne ou d'une organisation, ou pour avoir stocké et transmis des informations illicites, les méthodes classiques peuvent se révéler absolument inappropriées. Car en règlementant les perquisitions, par exemple, on a généralement en vue la découverte d'objets provenant de l'infraction ou ayant servi à la commettre.

Section II : les limites institutionnelles

Traitant des structures organisationnelles de lutte contre la cybercriminalité, l'UIT affirme que : « *pour lutter efficacement contre la cybercriminalité, il est nécessaire de disposer de structures organisationnelles très solides. En effet, c'est seulement en mettant en place de bonnes structures, qui ne se recoupent pas et reposent sur les compétences précises, qu'il est possible de mener des enquêtes complexes, qui exigent l'assistance de différents experts juridiques et techniques* »[134]. Les structures de lutte contre la cybercriminalité sont alors pour certaines judiciaires (Paragraphe I) et pour d'autres des institutions spécialisées (Paragraphe II) dont il convient de présenter les limites successivement.

Paragraphe I : les lacunes du système judiciaire

Ensemble de règles qui définissent la manière de procéder pour la constatation des infractions, l'instruction préparatoire et le jugement[135], la procédure pénale s'est trouvée inévitablement affectée par les problématiques soulevées par la complexité et la nouveauté du phénomène cybercriminel. Longtemps resté en marge de ce mouvement contemporain d'adaptations du pénal à la cybercriminalité, et cependant de plus en plus frappé par cette délinquance, le Cameroun a dû profiter des acquis des pays avancés dans ce domaine pour lui aussi réajuster son arsenal juridique. Les lois de 2010, en particulier la loi n°2010/012 du 21 décembre 2010 relative à la cybersécurité et à la cybercriminalité au Cameroun, sont venues insuffler, pour ainsi dire, un souffle nouveau à notre droit pénal.

---

[134] UIT, Comprendre la cybercriminalité – Phénomène …, *op. cit.*, p.111.

[135] Cf. GUILLIEN (R.) et VINCENT (J.), *op. cit.*, p.354.

En ce qui concerne la procédure pénale, la dynamique réformatrice s'est opérée à toutes les étapes du procès, que ce soit pendant la phase préparatoire ou pendant le déroulement de l'instance. À l'analyse, cette réforme apparait cependant perfectible, les réponses législatives apportées aux problématiques soulevées demeurant mitigées tant en ce qui concerne la phase préparatoire du procès (A), que la phase du jugement (B).

A. Les difficultés dans la phase préparatoire du procès

En raison de l'internationalisation quasi systématique de la cybercriminalité due au caractère mondial d'Internet, de l'anonymat quasi assuré du cyberdélinquant sur la toile, de la promptitude et la facilité de commission des cyberdélits, mais surtout de la volatilité de la preuve numérique du fait notamment de l'immatérialité, la lutte contre cette criminalité nécessite que des moyens spécifiques soient mis à la disposition des acteurs de la chaîne judiciaire, en particulier des enquêteurs et des magistrats.

On note ainsi une timidité des organes chargés de l'enquête à pouvoir rassembler les preuves de manière optimale. Selon l'article 52, alinéa 1 de la loi n°2010/012, « *En cas d'infraction cybernétique, les officiers de police judiciaire à compétence générale et les agents habilités de l'Agence, procèdent aux enquêtes conformément aux dispositions du Code de procédure pénale* ». Pourtant, à ce jour, cette Agence compte un nombre très insuffisant de cyberenquêteurs, tous ingénieurs de conception en informatique ou en télécommunications ayant subi plusieurs formations dans le domaine des cyberenquêtes, des investigations numériques, des tests de pénétrations et des attaques éthiques. Ce chiffre, de toute évidence, est largement insuffisant compte tenu du nombre important d'enquêtes à mener de telle manière que la majorité des enquêtes sont encore menées par les Officiers de police judiciaire à compétence générale avec les lacunes que cela peut présenter.

En effet, on ne trouve pas encore, ni dans les unités territoriales de la Police ni dans celles de la Gendarmerie, les personnels suffisamment formés à la conduite des enquêtes cybernétiques. Or, parallèlement, de nombreux cas de cybercriminalité sont portés à la connaissance de ces unités quasi quotidiennement, que ce soit l'escroquerie en ligne, les fraudes à la carte bancaire, les atteintes à la vie privée et à la personnalité sur l'Internet.

Cette carence est notamment marquée par l'ignorance et/ou la relative maîtrise des textes relatifs à la cybercriminalité, la méconnaissance des moyens d'investigation en matière de cybercriminalité, avec comme conséquence des difficultés réelles d'identification des cyberinfracteurs.

À cette carence en personnel qualifié, s'ajoute au niveau des organes classiques d'enquêtes cybernétiques, la carence en moyens adéquats. La conduite des cyberenquêtes nécessite automatiquement des moyens adaptés. On peut citer ici des ordinateurs, une connexion Internet, les moyens financiers pour les déplacements à la recherche des cyberinfracteurs qui ne sont pas toujours au lieu de résidence de la victime[136], les réquisitions en direction des opérateurs, notamment pour la géolocalisation des suspects et la conservation ou la mise à disposition des preuves de l'infraction. Les enquêteurs doivent également disposer des matériels adéquats pour pouvoir procéder aux perquisitions et saisies informatiques, pour pouvoir procéder à des

[136] Une chose est de tracer l'activité d'un suspect d'une cyberinfraction, une autre est de l'interpeller effectivement, celui-ci en raison de l'ubiquité des cyberinfractions pouvant ne pas se trouver au lieu où sont basés les services saisis.

infiltrations policières. L'absence de tous ces moyens à la fois intellectuels, logistiques, financiers et techniques rend illusoire toute lutte efficace contre la cybercriminalité par les Unités classiques de Police judiciaire.

B. Les difficultés quant à la phase du procès

Plusieurs conditions sont nécessaires au déroulement de toute instance pénale, notamment celles liées aux parties au procès, aux faits de la cause, à la juridiction compétente, à l'action publique. Les problèmes que pose le déroulement de l'instance [137]cybernétique ne sont ni nouveaux ni inconnus du droit pénal. Ils se trouvent simplement accentués, du fait des particularités de cette délinquance. Il se pose ainsi, avec acuité, le problème de la compétence des juridictions, à cause de l'internationalisation quasi systématique des cyberinfractions et de la dispersion des éléments de preuve. Ce problème crée à son tour un besoin accru de coopération et d'entraide judiciaire.

Le droit pénal camerounais retient un certain nombre de critères de compétence des juridictions nationales. Le premier est celui de la territorialité. Selon l'article 7, alinéa 1 du Code pénal : « *La loi pénale de la République s'applique à tout fait commis sur son territoire* »[138]. Cet article vise les infractions dont tous les éléments constitutifs sont localisés sur le territoire national à savoir les faits, les résultats, etc.[139]Selon ce critère, toute infraction, y compris le cybercrime, commise sur le territoire camerounais relève de la loi pénale camerounaise et, par conséquent, des

---

[137] On entend par instance : « Une suite d'actes de procédure allant de la demande en justice jusqu'au jugement. ». cf. GUILLIEN (R.) et VINCENT (Y.), *op.cit*, p. 248.

[138] L'alinéa 2 précise que sont compris dans le territoire de la République les eaux territoriales et l'espace aérien au-dessus de ce territoire et de ces eaux, ainsi que les navires et aéronefs immatriculés dans la République.

[139] En ce sens, DZEUKOU (B.) *op.cit,* p.62.

juridictions camerounaises. Il faut y associer l'article 8 du même code qui précise s'agissant des infractions partiellement ou totalement commises à l'étranger, que la loi pénale camerounaise s'applique : *« a) à toute infraction dont l'un des éléments constitutifs s'est trouvé réalisé en tout ou en partie sur son territoire ; Aux infractions d'atteinte à la sûreté de l'État, de contrefaçon du sceau de l'État ou de monnaies nationales y ayant cours, commises même à l'étranger* ».

À ce principe de la territorialité, il faut ajouter celui de la personnalité. L'article 9 soumet à la loi pénale camerounaise et donc à ses juridictions les faits constitutifs de complicité, de conspiration et de tentative réalisés sur le territoire de la République, en vue de commettre une infraction à l'étranger, si cette infraction est également réprimée par la loi étrangère. Quant à l'article 10, il rend la loi pénale camerounaise compétente pour s'appliquer aux faits commis à l'étranger par un citoyen ou par un résident, à condition qu'ils soient punissables par la loi du lieu de leur commission et soient qualifiés de crimes ou de délits par les lois de la République.

Ces principes d'application de la loi pénale et de compétence des juridictions nationales peuvent cependant être dépassés. L'absence d'une convention internationale sur la cybercriminalité rend difficile l'application de la compétence des tribunaux camerounais dans certaines situations en raison du principe de la double incrimination, sur lequel se fonde le régime de l'entraide judiciaire, et de la disparité ou de l'inexistence de législations dans certains pays. Ainsi, le juge camerounais aura du mal à exercer sa compétence sur des faits constitutifs de certaines infractions lorsque l'auteur se trouve dans un pays où ce fait n'est pas réprimé. À vrai dire, il est douteux, même si une convention internationale venait à être élaborée, qu'elle puisse prendre en compte certaines spécificités de la législation camerounaise à l'instar de la cyberhomosexualité, compte tenu de la tendance mondiale actuelle sur cette question de mœurs.

Paragraphe II : les lacunes des institutions spécialisées

Pour une lutte réellement efficace contre la cybercriminalité, il est absolument nécessaire de mettre sur pied des structures spécialisées entièrement dédiées au combat contre ce phénomène, et qui disposent d'un personnel qualifié et de moyens spéciaux. En confiant à l'entité responsable des télécommunications la responsabilité de concevoir et de mettre en œuvre la politique de sécurisation des communications électroniques et des systèmes d'information, et en chargeant l'agence des technologies de l'information et de la communication de règlementer et de suivre les activités de sécurité électronique, la loi n° 2010/012 du 21 décembre 2010 sur la cybersécurité et la cybercriminalité fait du ministère des Postes et Télécommunications (MINPOSTEL) (A) et de l'ANTIC (B) les principales structures de lutte contre cette délinquance au Cameroun. À ces deux institutions, il faut ajouter un troisième organisme beaucoup plus ancien : le CENADI.

A. Les lacunes du Minpostel

Le rôle principal du MINPOSTEL dans la lutte contre la cybercriminalité et la promotion de la cybersécurité apparait nettement à l'énumération des missions qui lui sont assignées. La loi n° 2010/012 ainsi que le décret n° 2012/512 du 12 novembre 2012, qui régissent l'organisation du MINPOSTEL, lui attribuent de vastes responsabilités dans le secteur des technologies de l'information et de la communication.

Aux termes de l'article 6 de la loi n° 2010/ 012 précitée, l'administration chargée des Télécommunications élabore et met en œuvre la politique de sécurité des communications électroniques et des systèmes d'information en tenant compte de l'évolution technologique et des priorités du gouvernement dans ce domaine. Il s'agit là d'une mission essentielle dans la perspective de lutte contre la cybercriminalité en ce sens que la politique cybersécuritaire permet à la fois d'avoir une vision globale dans les efforts de lutte contre cette délinquance et d'harmoniser ces efforts.[140]

Ces missions visent à rendre opérationnelle cette politique. Le législateur de 2010 en distingue six[141], notamment, la promotion de la sécurité des réseaux de communications électroniques et des systèmes d'information, le suivi de l'évolution des questions liées aux activités de sécurité et à la certification, la coordination sur le plan national des activités concourant à la sécurisation et à la protection des réseaux de communications électroniques et des systèmes d'information, etc.[142]

D'autres missions sont énoncées dans le décret n° 2012/512. Selon l'article 1, alinéa 2, de ce dernier, le MINPOSTEL est responsable de l'élaboration et de la mise en œuvre de la politique du Gouvernement en matière des postes, des télécommunications et des technologies de l'information et de la communication.

Si on peut ainsi observer l'importance des missions assignées au MINPOSTEL dans le cadre de la lutte contre la cybercriminalité, il faut cependant se rendre à l'évidence

---

[140] En France, par exemple, cette mission est confiée au ministère de l'Intérieur.

[141] L'article 35 de la loi n° 2010/013 du 21 décembre 2010 régissant les communications électroniques au Cameroun, reprend essentiellement ces missions.

[142] Voire annexe 1.

que, dans le fonctionnement pratique dudit ministère, ces missions se réalisent difficilement.

Ainsi, il faut tout d'abord observer qu'il existe l'absence d'une politique nationale de cybersécurité que l'on dit depuis plusieurs années en chantier, et l'absence d'une loi sur la protection des données à caractère personnel que l'on dit également en chantier.

S'agissant de la politique nationale de cybersécurité, inquiété par la montée vertigineuse de la cybercriminalité entre 2017 et 2018,[143] en particulier en ce qui concerne la divulgation des documents confidentiels et secrets, le gouvernement à travers le MINPOSTEL a fait état de la mise en place d'une stratégie nationale de lutte contre la cybercriminalité dans un communiqué publié à l'issue du conseil de cabinet du 29 mars 2018 tenue à Yaoundé sous la présidence de l'ancien Premier ministre, Chef du Gouvernement.

Selon le MINPOSTEL cette stratégie est articulée autour de trois principaux piliers à savoir :

- La mise en place d'une plate-forme d'identification des abonnés et de monitoring des communications électroniques ;
- Le déploiement d'un système de monitoring des conversations dans les réseaux sociaux à travers Internet et ses dérivés ;
- La promotion de l'utilisation responsable des TIC à travers la mise en œuvre d'un plan de campagne citoyenne visant à stopper les nombreuses dérives observées en ligne.

---

[143] Lire à ce propos Cameroun Tribune n° 11568/7767 du 02 avril 2018, p.2 et ss.

Il est clair que, plus d'un an après, rien de tout ce qui a été dit n'est encore visible ni opérationnel. À ce propos, le MINPOSTEL affirme que cette stratégie est encore en cours d'élaboration et permettra l'arrimage du Cameroun « *à un cyberespace sûr, susceptible de garantir le développement économique grâce aux technologies de l'information et de la communication* »[144].

De là à déduire qu'en attendant, la situation actuelle est marquée par une totale vulnérabilité de notre cyberespace, il n'y a qu'un pas que nous nous garderons de franchir, des efforts étant tout de même faits sur le terrain, pour limiter les dégâts, pour ainsi dire, notamment par l'action de l'ANTIC.

B. Les lacunes de l'Agence National des Technologies de l'Information et de la Communication (ANTIC)

L'Agence Nationale des Technologies de l'Information et de la Communication (ANTIC) est sans conteste au Cameroun l'organe central en matière de lutte contre la cybercriminalité. Mais dans son fonctionnement, l'ANTIC fait face à un certain nombre de difficultés tenant essentiellement au caractère pléthorique des missions qui lui sont confiées par rapport l'insuffisance des ressources personnelles, matérielles et financières qui sont les siennes.

Ainsi, l'article 96, alinéa 1, de la loi de 2010, en créant l'ANTIC, dispose clairement qu'elle est chargée de la promotion et du suivi de l'action des pouvoirs publics en

---

[144] Voire Bi-hebdomadaire l'*Essentiel* n° 149 du lundi 02 avril 2018, pp4. Lire également le Bi-hebdomadaire *Repères* n° 630 du 02 avril 2018, pp.14 - 18 et Défis actuels n° 292 du même jour, pp. 2 et 3.

matière de TIC[145]. À ce titre, l'ANTIC dispose de plusieurs missions[146].

On le voit bien, l'ANTIC est appelée à la fois à réguler et à suivre les activités de sécurité électronique d'un côté, et à assurer la promotion et le suivi de l'action des pouvoirs publics en matière de TIC de l'autre. En somme, elle doit assurer la cybersécurité dans tous ses aspects, y compris la sensibilisation, l'éducation et la formation, et la lutte contre la cybercriminalité. L'ANTIC semble avoir du mal à remplir toutes ces missions pléthoriques, mais d'une importance indéniable, relativement à l'objectif gouvernemental d'instauration de la confiance dans les réseaux de communications électroniques et les systèmes d'information. Une exécution efficiente de ces missions commande une occupation dense du terrain, que ce soit auprès des administrations publiques, des organisations privées, que de simples usagers. Or, la présence de l'ANTIC dans ces différents secteurs est soit insuffisante, soit rare, soit inexistante. Les campagnes de sensibilisation et d'éducation, sans parler de la formation, sont rares et généralement confinées aux chefs-lieux de régions alors que la cybercriminalité sévit durement dans plusieurs coins du pays. Les audits de sécurité, bien que généralement bien menés ainsi que nous le verrons plus loin, sont encore insuffisants. Le démembrement attendu dans l'optique d'une ANTIC de proximité à travers la création et l'opérationnalisation des structures régionales est encore insuffisant et à un stade expérimental ainsi que nous le verrons également plus loin.

---

145 Le MINPOSTEL a également un rôle dans ce domaine. Cf. alinéa 2, décret n° 2012/512 précité.

146 TEPPI (S), *op cit.*, p.7.

Sur le plan personnel et matériel, une étude récente[147] démontre que le plus gros problème actuel de l'ANTIC est à chercher essentiellement au niveau des moyens humains et matériels. Les missions sont entravées par des moyens humains et matériels insuffisants ou par une mauvaise politique de recrutement et de gestion de ces ressources.

Ainsi, sur 198 employés que compte l'ANTIC jusqu'en 2018[148], il y a 77 techniciens, dont seulement 28 ingénieurs de conception[149], 34 ingénieurs de travaux[150], 15 techniciens supérieurs[151], le reste étant le personnel généraliste.

Il s'ensuit donc que, pour une structure essentiellement technique qui requiert un personnel technique en raison des tâches à accomplir ainsi qu'il ressort de son organigramme, seulement 38,38% du personnel a le profil technique requis. Ce seul constat peut laisser présager du niveau de rendement auquel il faille s'attendre, quels que soient le dévouement et la conscience professionnelle des employés spécialisés[152], le ratio étant trop faible.

À cela, il faudrait ajouter que le mode de recrutement actuel à l'Agence, qui ne se fait plus par concours direct, mais par étude de dossier, n'est pas pour garantir ni favoriser l'excellence. Mentionnons que les carences en formation continue ne sont pas pour éclaircir ce tableau suffisamment sombre. Ainsi, les informations recueillies auprès de l'Agence font état de ce que la dernière formation technique

---

[147] MMAN (R.), *La politique criminelle camerounaise applicable à la cybercriminalité*, Thèse, Université de Ngaoundéré, 2020, p.10.
[148] Source : Sous-direction des Ressources humaines de l'ANTIC.
[149] Niveau BAC +5.
[150] Niveau BAC +3.
[151] Niveau BAC + 2.
[152] Les techniciens de l'ANTIC sont pour la plupart des diplômés en télécommunications, informatiques et sciences connexes.

assortie d'une certification date de juin 2016[153] sur financement du Fonds Spécial des Télécommunications.

Se pose donc également avec acuité le problème du renforcement des capacités du personnel, appelé entre autres à réguler le cyberespace camerounais dans un cybermonde où les cyberdélinquants se perfectionnent tous les jours. Ce problème est incompréhensible quand on sait que les affectations budgétaires ont été prévues par les textes ainsi que nous l'avons vu plus haut, pour permettre le renforcement de la formation du personnel. Le problème demeure donc celui de la gestion adéquate de ces ressources.

Aussi important est le problème de la prise en charge salariale. L'ANTIC étant classé dans la catégorie des établissements Publics Administratifs, ses employés reçoivent le traitement salarial relevant de ce secteur[154]. Ainsi, un employé de niveau ingénieur, classé en catégorie 11, gagne moins de cinq cent mille francs CFA de salaire de base. À cela, il faudrait tout de même ajouter des primes diverses. Nonobstant ce salaire au-dessus de la moyenne, il n'est pas de nature à séduire les meilleurs ; c'est ce qui peut expliquer les départs volontaires enregistrés ces dernières années dans la maison des personnels qualifiés qui n'ont pas pu résister aux offres alléchantes proposées par d'autres structures tant nationales qu'internationales.

S'agissant du matériel, il est tout aussi insuffisant. Tout en louant les efforts des pouvoirs publics camerounais, qui ont doté ces dernières années l'Agence d'importants moyens matériels, comme la PKI et le CIRT, nous soulignerons

---

[153] Cf. Division de l'Audit de Sécurité (DAS) de l'ANTIC.

[154] L'Agence est également régie par la convention collective du secteur des Télécommunications à laquelle appartiennent notamment CAMTEL, l'ART, les Opérateurs de téléphonie mobile. Cette convention, comme de coutume, exige que les employés du secteur aient au minimum un traitement salarial décent, sans plus.

cependant que de gros problèmes persistent dans ce domaine. En effet, des acquisitions permanentes, modernes, avec un entretien conséquent, sont nécessaires, car l'évolution est constante dans le domaine de la cybersécurité, compte tenu de l'imagination débordante des cyberdélinquants, toujours à la recherche de nouvelles vulnérabilités dans les dispositifs cybersécuritaires. Outre le CIRT, on devrait avoir les CSIRT, plus spécialisés. Des réajustements s'imposent donc sur le plan des ressources humaines et matérielles, l'efficacité dans l'accomplissement des missions confiées en dépendant.

Jusqu'à présent, le Cameroun compte pas moins de 05 lois qui traitent plus ou moins directement de la question de la cybercriminalité. La loi n° 2010/012 du 21 décembre 2010 relative à la cybersécurité et à la cybercriminalité au Cameroun est sans conteste la plus importante de ces lois. On peut y ajouter plusieurs décrets et arrêtés, tous consacrés directement ou indirectement à cette criminalité informatique.

Comparée à la période d'avant 2010, où on se trouvait pratiquement dans un désert juridique, il existe une avancée significative sur le plan législatif. Seulement, pour salutaire qu'elle puisse paraître, l'œuvre législative présente à bien des égards des insuffisances. On a ainsi relevé que de nombreuses dispositions cybersécuritaires pourtant importantes pour prévenir cette criminalité cybernétique ne sont pas assorties de sanctions en cas d'inobservation, ce qui ne peut que limiter leur portée, quand on considère notre contexte marqué par une tendance au non-respect des règles. De même, notre dispositif normatif demeure insuffisant à cause de l'absence d'une loi sur la protection des données à caractère personnel et l'absence de textes d'application de certaines mesures cybersécuritaires d'une grande importance, comme les conditions d'évaluation des niveaux d'impact de gravité en matière d'audit de sécurité dont on connait la place dans la prévention de la cybercriminalité.

CHAPITRE II :

Perspectives pour une amélioration de la répression des cyber-infractions

Tel qu'il a été démontré dans les développements précédents, il ressort de l'analyse du système camerounais de répression des cyberinfractions, un certain nombre d'insuffisances. En effet, s'il est constant que le droit camerounais est marqué par la recherche de l'efficacité dans la répression de la cyberdélinquance, laquelle a poussé le législateur camerounais depuis 2010 à procéder à une véritable adaptation du droit pénal classique en déphasage notoire, à bien des égards, avec les problématiques soulevées par la cybercriminalité. Ce droit demeure cependant lacunaire à bien des égards et mérite dès lors des aménagements. Ces aménagements doivent commencer par une revue de la politique globale de lutte contre la cybercriminalité (Section I) et d'autre part par le renforcement du système actuel de répression (Section II).

Section I : la nécessité d'une politique globale de lutte contre la cybercriminalité

Penser une stratégie globale de lutte contre la cybercriminalité c'est envisager un mouvement en deux temps : le premier sur le plan interne consiste à harmoniser le dispositif interne de lutte contre la cybercriminalité (Paragraphe I). Le second temps se dirige vers l'extérieur en redéfinissant la politique externe de lutte contre la cybercriminalité (Paragraphe II).

Paragraphe I : l'harmonisation du dispositif interne de lutte contre la cybercriminalité

L'harmonisation du dispositif interne de lutte contre cybercriminalité passe par plusieurs impératifs. Il sera donc nécessaire de mettre en place une véritable structure de coordination capable de mettre en cohérence tous les organes de lutte (A) et de garantir en même temps l'efficacité de l'ensemble du dispositif par une sorte de remise en cause permanente (B).

A. La nécessaire création d'une structure de coordination des organes de lutte contre la cybercriminalité

En l'état actuel du droit positif camerounais, plusieurs structures et organes participent de manière sectorielle à la lutte contre la cybercriminalité au Cameroun. Comme nous avons pu le relever, ces efforts se réalisent avec plus ou moins de bonheur. L'une des difficultés étant nécessairement le fait que certaines actions menées le sont de manière isolée, sans tenir compte des actions entreprises par les autres partenaires. Il s'en suit qu'il est difficile d'avoir une lisibilité des actions menées. Il semble dès lors important et nécessaire d'établir une TASK FORCE ou un comité de pilotage de toutes ces structures à l'image du Conseil National de la Décentralisation, afin d'impulser une politique globale de lutte contre la cybercriminalité.

On le sait, selon le pénaliste allemand Feuerbach l'expression Politique criminelle désigne *« l'ensemble des procédés répressifs par lesquels l'État réagit contre le crime »*.[155] Pour Marc ANCEL, il s'agit de *« la réaction organisée et délibérée de la collectivité contre les activités*

---

[155] FEUERBACH Cité par DELMAS-MARTY (M.), *Les grands systèmes de politique criminelle,* P.U.F, 1992. p.17.

délictueuses déviantes ou antisociales »[156]. À partir de ces définitions, on comprend bien que la politique criminelle doit être pensée de manière globale et mise en œuvre dans cet esprit, mais qu'elle doit comporter des spécificités sectorielles. Elle doit subir une évaluation sectorielle et globale. Le Professeur MINKOA SHE n'écrit -il pas que : *« décrire un système (juridique), ce n'est pas seulement décrire certaines normes ou pratiques de droit positif*[157]*, mais également interpréter celles-ci au regard de la rationalité spécifique ou des lignes directrices du système ; et c'est dans cette réalité positive et évolutive que la recherche va dégager et définir ces lignes directrices, et en apprécier la cohérence, l'efficacité et le fonctionnement, en considération des buts assignés au système».*[158]

Cette structure nationale dont nous appelons la création pourrait regrouper, en son sein, les représentants de différents ministères, institutions et organes œuvrant de manière sectorielle dans la lutte contre la cybercriminalité. L'importance des missions qu'on pourrait assigner à cet organe commande que l'on s'y arrête.

B. Les missions possibles de l'organe national de coordination de lutte contre la cybercriminalité

Plusieurs missions pourraient être assignées à l'organe national de coordination de lutte contre la cybercriminalité. Deux parmi ces missions nous semblent fondamentales. Il s'agit d'une part de la conception et de la mise en œuvre de la politique nationale de lutte contre la cybercriminalité et

---

[156] *Ibid.*

[157] L'expression « droit positif» désigne l'ensemble des règles juridiques (droit objectif) en vigueur dans un pays donné, à un moment donné, par opposition au droit naturel (ou idéal) et à un droit révolu (aboli ou abrogé) reçu dans le passé. v. CORNU (G), *Vocabulaire juridique*, P.U.F, 10e éd., janvier 2014, p.775.

[158] MINKOA SHE (A*), op. cit.*, p.2.

d'autre part de l'évaluation des activités sectorielles de lutte contre la cybercriminalité.

La politique criminelle est *« l'ensemble des procédés susceptibles d'être proposés au législateur ou effectivement utilisés par celui-ci à un moment donné, dans un pays donné, pour combattre la criminalité »*[159]. Ou encore *« l'ensemble des procédés par lesquels la société organise les réponses au phénomène criminel »*[160]. Cette politique criminelle permet ainsi de définir la stratégie du gouvernement quant au traitement d'un phénomène criminel d'envergure. Dans notre pays, plusieurs études ont révélé qu'aucune étude approfondie sur la politique criminelle de notre pays applicable à la cybercriminalité n'a jamais été faite[161]. Il s'agit nécessairement d'une lacune.

---

[159] MERLE (R) et VITU (A), *Traité de droit criminel. Problèmes généraux de la science criminelle. Droit pénal général*, Paris, Cujas, n°51, p.97.

[160] DELMAS – MARTY (M), *Modèles et mouvements de politique criminelles,* Paris, Economica, 1983, p13.

[161] Mentionnons toutefois les études suivantes :

- SEUNA (C.), *L'Informatique et la nouvelle loi camerounaise sur le droit d'auteur et les droits voisins*, Thèse de doctorat, Université de Yaoundé II, 2005, p.17.
- KOUAHOU (Y.L.), *La mise en œuvre de la société de l'information au Cameroun : enjeux et perspectives au regard de l'évolution française et européenne*, Thèse de doctorat, Université de Montpellier I, 07 décembre 2010, p.28.
- FAVA MEBA II (F.), *La répression des infractions en matière de cybercriminalité*, Mémoire de Master II Recherche, Université de Ngaoundéré, 2010-2011, p.15.
- BABONG TCHABRA (H.), *L'Internet et les droits de la personnalité*, Mémoire de Master II Recherche, Université de Ngaoundéré, 2009-2010, p.32.
- Cining (H.), Le contrat électronique en droit positif camerounais, Mémoire de Master II Recherche, Université de Ngaoundéré, 2013-2014, p.30.

La création d'un organe, en charge de la conception et la mise en œuvre de la politique nationale de lutte contre la cybercriminalité, permettra de résoudre une telle difficulté. En effet, cet organe pourra au regard des informations collectées par les diverses administrations parties prenantes, définir une stratégie nationale, c'est-à-dire une réponse collective contre le phénomène cybercriminel au regard des exigences de l'heure. Il s'agira pour cet organe d'imaginer tous les procédés et techniques possibles qui permettraient une protection efficace du cyberespace[162] autant par la prévention du crime que par la répression. Il sera surtout question de voir si même existant, les mesures prises sont effectives dans la réalité quotidienne, l'étude de toute politique criminelle, s'attachant au fonctionnement effectif du système anticriminel envisagé. Ceci permettra de questionner les choix des pouvoirs publics de manière à mettre en lumière, notamment l'écart entre les volontés proclamées et leur mise en œuvre effective.

Cette conception de la politique criminelle permettrait de vérifier si, les objectifs de l'État, tel qu'ils sont formulés dans la loi n° 2010/012 du 21 décembre 2010 sur la cybersécurité et la cybercriminalité à savoir :

- MIWUH (G.F.), *L'entraide judiciaire internationale en matière de cybercriminalité*, Mémoire de Master II Recherche, Université de Ngaoundéré, 2010-2011, p.45.

On n'observera toutefois qu'aucune de ces études ne permet de rendre compte du phénomène cybercriminel dans sa globalité au Cameroun, les plus importantes ayant du reste été faites avant la promulgation des lois de 2010 sur la cybercriminalité.

[162] Lire par exemple à ce propos, la Thèse de Doctorat intitulée Solutions *opérationnelles d'une transaction électronique sécurisée et respectueuse de la vie privée* par Aude Plateaux, Doctorat de l'Université de Caen Basse-Normandie Spécialité: Informatique et Applications. Cf. https://tel.archives-ouvertes.fr/tel-01009349/document.

« -instaurer la confiance dans les réseaux de communications électroniques et les systèmes d'information ; Fixer le régime de la preuve numérique, des activités de sécurité, de cryptographie et de certification électronique ; Protéger les droits fondamentaux des personnes physiques, notamment le droit à la dignité humaine, à l'honneur et au respect de la vie privée, ainsi que les intérêts légitimes des personnes morales »[163], sont toujours d'actualité ou alors nécessitent des aménagements.

De même, l'organe aurait pour mission la mise en œuvre de ladite politique criminelle en assignant des objectifs précis à chacune des entités concourant à la lutte contre la cybercriminalité dans notre pays. Ces objectifs pourraient être fixés dans des périodicités déterminées, notamment à court, moyen et long terme. Une évaluation à temps pourrait aussi en renforcer l'efficacité.

À l'image de certains organes qui existent déjà, comme le Conseil National de la Décentralisation, un organe en charge de la stratégie de lutte contre la cybercriminalité pourrait tenir des sessions annuelles afin d'évaluer les résultats enregistrés, les écarts et autres difficultés observées sur le terrain afin de réajuster la stratégie d'ensemble, voire des stratégies sectorielles.

Un rapport devrait être produit à la fin de chaque session et transmis à toutes les organisations impliquées dans le traitement de la question de la cybercriminalité, mais surtout au législateur. Qu'il s'agisse des autorités titulaires du pouvoir règlementaire ou de celles titulaires du pouvoir législatif. Les données présentées permettraient ainsi des évolutions légales pour être plus efficaces dans la lutte contre la cybercriminalité.

---

[163] Article 1er de la loi de 2010 sur la cybercriminalité.

Les données recueillies pourront ainsi permettre au législateur de repenser la loi et de l'ajuster aux exigences du temps. Le législateur devra se garder de laisser des vides juridiques qui pourraient mettre à mal toute démarche répressive, de même que les pouvoirs publics eux-mêmes devraient tout mettre en œuvre pour vulgariser les textes protecteurs des droits. À cet égard, la tâche du législateur est particulièrement difficile, car, en travaillant sur une question technique essentiellement novatrice, comme Internet avec ses multiples évolutions[164], il se doit néanmoins d'être capable de saisir toutes ses déclinaisons pour limiter l'impunité. Le législateur doit « *d'une part, tenir compte en permanence des évolutions d'Internet et, d'autre part, contrôler l'efficacité des dispositions législatives en vigueur, mission d'autant plus importante que les technologies réseau évoluent rapidement* »[165].

Aussi, dans sa quête d'une législation appropriée, le législateur ne saurait se priver ou être indifférent vis-à-vis des textes externes ou internationaux qui peuvent soit constituer une source d'inspiration, soit aider dans une perspective d'harmonisation, gage essentiel, ainsi que nous le verrons plus loin, de l'efficacité dans la lutte contre la cybercriminalité. Toute chose qui commande que la stratégie sur le plan externe ou international soit revisitée.

Paragraphe II : le raffermissement de la stratégie externe de lutte contre la cybercriminalité

En l'état actuel du droit positif camerounais, on note une timidité des pouvoirs publics vis-à-vis des textes externes,

---

[164] Un auteur affirmait ainsi que la cybercriminalité est une criminalité « caméléon » dont on ne connaît pas toutes les formes et tous les contours.

[165] Article 1er de la loi de 2010 sur la cybercriminalité.

laquelle se traduit par la réception mitigée des textes régionaux et sous-régionaux ainsi qu'une certaine inertie face aux autres textes, notamment la Convention de Budapest de 2001, dans un contexte international qui souffre pourtant de l'absence d'un instrument international de lutte contre la cybercriminalité. Pour mieux comprendre le nécessaire raffermissement de la stratégie externe de lutte contre la cybercriminalité, il convient de faire un bref état des lieux de la question.

A. La stratégie lacunaire actuelle sur le plan international

Dans sa démarche de prise en compte de la dimension internationale dans la lutte contre la cybercriminalité, le Cameroun a adhéré à la convention de l'Union africaine sur la cybersécurité et la protection des données à caractère personnel[166]. Mais, en dépit de la place de cette convention dans la prévention de la cybercriminalité, notre pays ne l'a pas encore ratifiée comme bon nombre d'États africains pour lesquels elle est destinée ; ce qui limite considérablement ses effets.

À travers les buts qu'elle cherche à atteindre, la Convention de l'Union africaine sur la Cybersécurité et la Protection des Données à Caractère personnel vise à instaurer la confiance et la sécurité dans tout le cyberespace africain, ce qui est d'une importance capitale dans la lutte contre la cybercriminalité, car, moins il existera des refuges cybercriminels, plus la lutte contre ce phénomène sera efficace. Dans son préambule, elle dispose ainsi qu'elle entend « *répondre aux besoins de législation harmonisée*

---

[166] Initialement intitulée dans sa phase d'élaboration « Projet de convention de l'Union africaine portant adoption d'un cadre juridique propice à la cybersécurité en Afrique ou Projet de convention de l'Union africaine sur la confiance et la sécurité dans le cyberespace ».

dans le domaine de la cybersécurité dans les États membres de l'Union africaine [...] Mettre en place, dans chaque État partie, un dispositif permettant de lutter contre les atteintes à la vie privée susceptibles d'être engendrées par la collecte, le traitement, la transmission, le stockage et l'usage des données à caractère personnel ».

Elle vise aussi à garantir « *en proposant un type d'ancrage institutionnel, que tout traitement, sous quelque forme que ce soit, respecte les libertés et droits fondamentaux des personnes physiques tout en prenant également en compte les prérogatives des États, les droits des collectivités locales, les intérêts des entreprises ; tout en prenant en compte les meilleures pratiques reconnues au niveau international* ».

La Convention traite aussi d'une question fondamentale, celle de la protection des données à caractère personnel. Elle consacre une place de choix à la protection des données à caractère personnel, depuis même son intitulé. Le Cameroun n'ayant pas encore une loi spécifique sur le sujet, puisque seulement certaines dispositions de la loi n° 2010/012 du 21 décembre 2010 précitée traitent de ce sujet. C'est à ce sujet que la législation africaine trouve toute sa pertinence dans les efforts de notre pays pour construire un cadre juridique efficace à la lutte contre la cybercriminalité.

Malgré cette visée noble de la convention, elle ne peut cependant pas être appliquée dans notre espace juridique, puisque son processus d'internalisation n'est pas encore terminé. Si notre pays y a adhéré, il ne l'a pas encore ratifiée. Il s'ensuit qu'en dépit de leur importance, les dispositions sur la protection des données à caractère personnel, par exemple, ne peuvent recevoir une application dans notre pays dans un contexte pourtant marqué par l'absence d'une loi dans ce domaine.

Cette situation illustre bien la timidité des pouvoirs publics camerounais vis-à-vis des textes externes en même temps qu'elle limite la portée de cette Convention. À ce propos, il convient de noter que, depuis son adoption le 27 juin 2014, le nombre de ratifications nécessaires (15) à son entrée en vigueur n'a pas été atteint, ce qui pénalise son entrée en vigueur.

Parlant toujours des effets, il convient de relever que la Convention est un instrument africain, visant uniquement les États africains. Dans cette optique, l'article 35 dispose clairement que : « *la présente Convention est ouverte à tous les États membres de l'Union pour signature, ratification et adhésion, conformément à leurs procédures constitutionnelles respectives* ». En cela elle se distingue par exemple de la Convention de l'Union européenne qui a une vocation mondiale, étant ouverte pour signature même aux États non européens.

Par ailleurs, tout différend né de l'application de la Convention est réglé à l'amiable par voie de négociation directe entre États Parties concernés (article 34), tout État Partie pouvant en outre soumettre des propositions d'amendement ou de révision au Président de la Commission de l'Union africaine selon les modalités définies à l'article 37.

À côté de la Convention régionale sur la cybersécurité et la protection des données à caractère personnel, il existe au niveau sous-régional un autre instrument juridique, la loi-type communautaire relative à la lutte contre la cybercriminalité dans les États membres de la CEEAC/CEMAC. Cette loi semble être un instrument important pour harmoniser la législation et lutter contre les paradis fiscaux. Elle contient également des dispositions venant compléter le cadre juridique du Cameroun, notamment en ce qui concerne le droit pénal.

En tout état de cause, la stratégie externe demeure assez lacunaire et commande que certaines pistes de réformes soient envisagées.

B. Les moyens d'amélioration

Il s'agit essentiellement de la ratification du texte sous-régional indiqué plus haut et de sa publication afin qu'il entre dans l'ordonnancement juridique interne de notre pays, mais aussi de l'adhésion à la Convention de Budapest sur la cybercriminalité. Le 23 novembre 2001, 09 ans avant les lois camerounaises de 2010 sur la cybercriminalité et 13 ans avant la Convention de l'Union africaine de 2014, les pays du Conseil de l'Europe[167] appuyés par certains États non membres ayant participé à son élaboration (États-Unis, Canada, Japon, Afrique du Sud) ont adopté la Convention sur la cybercriminalité encore appelée Convention de Budapest.

Plusieurs pays de tous les continents ont à ce jour adhéré à cette Convention, y compris ceux du continent africain. Dans sa quête incessante d'efficacité dans la lutte contre la cybercriminalité, notre pays gagnerait à faire partie des États ayant adhéré à cet important instrument juridique. Celui-ci regroupe un ensemble de 48 articles répartis en 04 chapitres précédés par un préambule qui indique le contexte et les motivations de son élaboration ainsi que les objectifs. Toutes ces dispositions permettent de traiter de manière quasi complète les différentes problématiques soulevées par la cybercriminalité.

Le chapitre I est consacré aux définitions des notions utiles, telles que « système informatique », « données informatiques », « fournisseur de services », « données

[167] Organe suprême de l'union qui définit les grandes orientations politiques.

relatives au trafic »[168]. Le chapitre II traite des mesures à prendre au niveau national pour combattre la cybercriminalité tant en droit pénal substantiel, qu'en droit procédural. En droit pénal de fond, il n'y a pas de particularité puisque tous les comportements érigés en infractions par le législateur européen aux articles 2 à 11 ont été repris aussi bien par le législateur camerounais qu'africain[169].

En droit pénal de forme, le traité européen semble en revanche très riche. Le législateur européen a pris d'importantes mesures en vue de rendre efficaces les enquêtes en matière de cybercriminalité. On peut citer la conservation rapide des données informatiques stockées, notamment lorsqu'il y a des raisons de penser que celles-ci sont particulièrement susceptibles de perte ou de modification (article 16, paragraphe I).

Le Paragraphe II précise que : « lorsqu'une partie fait application du Paragraphe I ci-dessus, au moyen d'une injonction ordonnant à une personne de conserver des données stockées spécifiées se trouvant en sa possession ou sous son contrôle, cette partie adopte les mesures législatives et autres qui se révèlent nécessaires pour obliger cette personne à conserver et à protéger l'intégrité desdites données pendant une durée aussi longue que nécessaire, au

---

[168] Toutes ces définitions ont été reprises par les textes camerounais, notamment la loi n°2010/012 précitée en son article 4.

[169] Il s'agit des infractions contre la confidentialité, l'intégrité et la disponibilité des données et systèmes informatiques (accès illégal, interception illégale, atteinte à l'intégrité des données, atteinte à l'intégrité des systèmes, abus de dispositifs), des infractions informatiques (falsification informatique, fraude informatique), des infractions se rapportant au contenu (pornographie enfantine), des infractions liées à la propriété intellectuelle et droits connexes.

maximum de quatre-vingt-dix jours[170], afin de permettre aux autorités compétentes d'obtenir leur divulgation. Une partie peut prévoir qu'une telle injonction soit renouvelée par la suite ».

On peut également citer l'obligation rapide de conservation et de divulgation de données relatives au trafic (article 17), l'injonction de produire, mesure prévue par l'article 18 qui dispose que : « chaque Partie adopte les mesures législatives et autres qui se révèlent nécessaires pour habiliter ses autorités compétentes à ordonner.

a. À une personne présente sur son territoire de communiquer les données informatiques spécifiées, en sa possession ou sous son contrôle, qui sont stockées dans un système informatique ou sur un support de stockage informatique ;
b. À un fournisseur de services offrant des prestations sur le territoire de la Partie, de communiquer les données en sa possession ou sous son contrôle relatives aux abonnés[171] et concernant de tels services. »

---

[170] Le législateur camerounais a prévu dans la loi n°2010/012 précitée un délai de 10 ans pour la conservation des données de trafic et de contenu est accordé à tous les intermédiaires techniques, délai qui manque de réalisme ainsi que nous le verrons plus loin.

[171] Selon le paragraphe 3 de l'article 18, par « données relatives aux abonnés », il faut entendre toute information sous forme de données informatiques ou sous toute autre forme, détenue par un fournisseur de services et se rapportant aux abonnés de ses services, autres que des données relatives au trafic ou au contenu, et permettant d'établir :

a- Le type de service de communication utilisé, les dispositions techniques prises à cet égard et la période de service.
b- L'identité, l'adresse postale ou géographique et le numéro de téléphone de l'abonné, et tout autre numéro d'accès, les données concernant la facturation et le paiement disponibles sur la base d'un contrat ou d'un arrangement de service.

Les perquisitions et saisies ont aussi été prévues et aménagées pour s'adapter au contexte des TIC. L'article 19, paragraphe 3, dispose par exemple que : « chaque Partie adopte les mesures législatives et autres qui se révèlent nécessaires pour habiliter ses autorités compétentes à saisir ou à obtenir d'une façon similaire les données informatiques pour lesquelles l'accès a été réalisé [...] Ces mesures incluent les prérogatives suivantes :

a. *Saisir et obtenir d'une façon similaire un système informatique ou une partie de celui-ci, ou un support de stockage informatique ;*
b. *Réaliser et conserver une copie de ces données informatiques ;*
c. *Préserver l'intégrité des données informatiques stockées pertinentes ;*
d. *Rendre inaccessible ou enlever ces données informatiques du système informatique consulté »*[172].

Parlant toujours des mesures prises en droit pénal de forme par le législateur européen, on peut enfin citer la collecte en temps réel des données relatives au trafic qui incombe en grande partie au fournisseur de services de communications électroniques (article 20), l'interception des données relatives au contenu, prévue par l'article 21 aux termes duquel :

« Chaque Partie adopte les mesures législatives et autres qui se révèlent nécessaires pour habiliter ses autorités

c- Toute autre information relative à l'endroit où se trouvent les équipements de communication, disponible sur la base d'un contrat ou d'un arrangement de service.

[172] Cette disposition a été reprise par la loi-type communautaire CEEAC/ CEMAC précitée (articles 36 et 37). 348 – Tous ces principes qui n'existent pas dans la Convention africaine ont été repris in extenso par la loi-type communautaire CEEAC / CEMAC précitée.

compétentes en ce qui concerne un éventail d'infractions graves à définir en droit interne :

a. À collecter ou à enregistrer par l'application des moyens techniques existants sur son territoire, et ;
b. À obliger un fournisseur de services dans le cadre de ses capacités techniques :
   i. À collecter ou à enregistrer par l'application de moyens techniques existants sur son territoire, où ;
   ii. À prêter aux autorités compétentes son concours et son assistance pour collecter ou enregistrer, en temps réel, les données relatives au contenu de communications spécifiques sur son territoire, transmises au moyen d'un système informatique ».

Le Chapitre III, quant à lui, traite en deux grandes sections la question stratégique de la coopération internationale en matière de lutte contre la cybercriminalité. La première section, intitulée « Principes généraux », pose trois types de principes :

- Principes généraux relatifs à la coopération internationale (article 23) ;
- Principes relatifs à l'extradition (article 214) ;
- Principes relatifs à l'entraide qui inclut l'information spontanée selon laquelle « Une Partie peut, dans la limite de son droit interne et en l'absence de demande préalable, communiquer à une autre Partie des informations obtenues dans le cadre de ses propres enquêtes lorsqu'elle estime que cela pourrait aider la Partie destinataire à engager ou à mener à bien des enquêtes ou des procédures au sujet des infractions pénales établies conformément à la présente Convention, ou lorsque ces informations pourraient

aboutir à une demande de coopération formulée par cette Partie au titre du présent chapitre » (article 26)[173].

Outre les principes de coopération, le législateur européen a réglé à l'article 27 le problème des procédures relatives aux demandes d'entraide en l'absence d'accords internationaux applicables[174]. La seconde section consacrée aux dispositions spécifiques traite des trois questions suivantes :

- Entraide en matière de mesures provisoires, qu'il s'agisse de la conservation rapide de données informatiques stockées (article 29) ou de leur divulgation rapide (article 30)[175].
- Entraide concernant les pouvoirs d'investigations dont les articulations sont :
  - L'entraide concernant l'accès aux données stockées par laquelle une partie peut demander à une autre de perquisitionner ou d'accéder de façon similaire, de saisir ou d'obtenir de façon similaire, de divulguer des données stockées au moyen d'un système informatique se trouvant sur le territoire de cette autre Partie, y compris les données conservées conformément à l'article 29 susvisé (article 31).
  - L'accès transfrontière à des données stockées, avec consentement ou lorsqu'elles sont accessibles au public (article 32). Par ce procédé, une Partie peut, sans l'autorisation d'une autre Partie, accéder

[173] Tous ces principes qui n'existent pas dans la Convention africaine ont été repris in extenso par la loi-type communautaire CEEAC / CEMAC précitée.

[174] Sur la coopération internationale en matière de lutte contre la cybercriminalité, V. infra chapitre II, Titre II, Deuxième Partie.

[175] La loi-type communautaire CEEAC / CEMAC reprend in extenso ces dispositions.

à des données informatiques publiquement accessibles, quel que soit leur lieu de stockage, ou encore, recevoir, par l'intermédiaire d'un système informatique situé sur son territoire, des données informatiques provenant d'un autre État, pourvu qu'elle obtienne le consentement légal et volontaire de la personne habilitée à les lui révéler par ce biais[176].

- L'entraide dans la collecte en temps réel des données relatives au trafic.

Cette mesure est d'un grand intérêt pratique en matière de cyberinvestigation, car, très souvent, les enquêteurs ne peuvent être sûrs de pouvoir remonter à la source d'une communication en se fiant aux enregistrements des transmissions antérieures, puisque des données cruciales relatives au trafic peuvent avoir été automatiquement effacées par un fournisseur de services de la filière de transmission avant de pouvoir être conservées.

Il est donc nécessaire que les enquêteurs de chaque Partie puissent avoir la possibilité de se procurer en temps réel des données relatives au trafic concernant des communications transmises par un système informatique se trouvant sur le territoire d'autres Parties. Avec cette disposition, chaque Partie signataire de la Convention est tenue de collecter en temps réel des données relatives au trafic par une autre Partie.

- L'entraide en matière d'interception de données relatives au contenu[177].

---

[176] Cette mesure dont l'intérêt pratique est indéniable n'existe ni dans la Convention africaine ni dans la loi-type communautaire d'Afrique Centrale.

[177] Toutes ces mesures ont été reprises par le législateur communautaire d'Afrique Centrale cf. articles 55 à 57.

➢ **Réseau 24/7**

Le législateur européen dispose à cet égard que : « chaque Partie désigne un point de contact joignable vingt-quatre heures sur vingt-quatre, sept jours sur sept, afin d'assurer une assistance immédiate pour des investigations concernant les infractions pénales liées à des systèmes et à des données informatiques, ou pour recueillir les preuves sous forme électronique d'une infraction pénale […] ». Cette mesure d'un grand intérêt pratique a été reprise in extenso par le législateur communautaire d'Afrique Centrale[178].

Le chapitre IV, enfin, est consacré aux dispositions finales, dont la signature et l'entrée en vigueur (article 36), mais surtout l'adhésion à la Convention, qui permet aux États non membres de l'Union européenne, ou qui n'ont pas participé à son élaboration, de devenir parties à la Convention, à l'invitation du Comité des ministres du Conseil de l'Europe (article 37).

Le plaidoyer en faveur de l'adhésion de notre pays à la Convention européenne ne tient pas seulement au fait qu'elle réponde efficacement aux principales problématiques de la cybercriminalité, mais également parce qu'elle est d'une grande portée, ainsi que nous pouvons le voir à présent.

Pour toutes ces raisons, notre pays gagnerait à adhérer à cette Convention. Certes, l'initiative de l'adhésion n'appartient pas au pays non membre qui en a l'intention, mais plutôt au Comité des ministres du Conseil de l'Europe, lui-même assujetti à l'assentiment unanime des États contractants à la Convention ; mais des démarches peuvent être entreprises par notre pays pour susciter cette initiative.

---

178 Article 58.

De plus, comme le souligne bien le Rapport explicatif à la Convention, cette restriction est atténuée en pratique. Selon ce Rapport : « conformément à une pratique déjà ancienne, le Conseil des ministres décide de sa propre initiative ou sur demande, après avoir consulté les États contractants, qu'il s'agisse ou non d'État membre, d'inviter un État non membre, qui n'a pas participé à l'élaboration d'une convention à y adhérer.

L'un des avantages non négligeables de l'adhésion à la Convention de Budapest est la participation à une instance normative en matière de cybercriminalité appelée « Comité de la Convention Cybercriminalité » (T-CY) et qui assure non seulement le suivi de la mise en œuvre de la convention, mais est aussi à l'initiative des nouveaux travaux touchant à celle-ci, par exemple l'élaboration des protocoles additionnels. De la sorte, en devenant parties, les États qui n'ont pas participé à la rédaction de la Convention initiale peuvent être associés à l'élaboration des futures normes internationales en matière de cybercriminalité, ce qui est d'une grande importance puisqu'ils pourraient ainsi faire prendre en compte leurs spécificités. À ce jour, la Convention de Budapest a été complétée par un Protocole à savoir le Protocole additionnel du 28 janvier 2003 signé à Strasbourg et relatif à l'incrimination d'actes de nature raciste et xénophobe[179].

---

[179] Ce protocole est une des difficultés que le Comité de rédaction de la Convention a eues à inclure dans la liste des infractions relatives au contenu des infractions, comme la diffusion des propagandes racistes par le biais des systèmes d'information, à savoir l'absence des consensus sur la criminalisation de ce comportement, certaines délégations ayant émis de sérieuses réserves en invoquant la liberté d'expression.

Section II : le renforcement de la réponse répressive

Dans sa Recommandation n°12, le Groupe de Travail interministériel français sur la lutte contre la cybercriminalité, intitulée « *Protéger les internautes* » soutient que, *« une stratégie globale destinée à renforcer l'efficacité de la lutte contre la cybercriminalité, compte tenu des préjudices dont elle est à l'origine et des enjeux qu'elle représente, doit s'accompagner d'un renforcement significatif, en ressources humaines et en crédits d'investissement* [...] *»*[180]. Cette recommandation témoigne du souci constant d'améliorer le dispositif en place en vue de rendre plus efficace le système de lutte contre la cybercriminalité. Dans un système tel que le nôtre et selon qu'il ressort des constats opérés dans les développements précédents, il apparait nécessaire de renforcer autant les lois pénales de fond (Paragraphe II) que le cadre juridique de forme (Paragraphe I).

Paragraphe I : le renforcement des lois pénales de forme

Dans le cadre de ce renforcement, il convient de préciser en substance les améliorations qui doivent être faites (A), mais aussi, s'étendre sur les aménagements des difficultés possibles dans le cadre des organes en charge de la constatation des infractions et de leurs poursuites (B).

A. La teneur des améliorations possibles

Il convient de clarifier les modalités de la prescription des infractions en matière cybernétique, mais aussi régler

[180] Voire « Protéger les internautes », Rapport sur la cybercriminalité, *op.cit*, p.150.

définitivement le problème de la compétence des juridictions que nous avons déjà abordé plus haut.

La spécificité de l'Internet pose également le problème de la prescription des cyberinfractions, comparativement aux mêmes infractions commises sur les supports papier, par exemple. Le législateur camerounais de 2010 ne semble pourtant pas avoir pris en compte cette réalité. En effet, le législateur camerounais de 2010 n'a pas déterminé la nature d'Internet. La question est celle de savoir si Internet doit être considéré comme un organe de presse ou plutôt un organe de communication audiovisuelle. Aux termes de l'article 5, alinéa 1 de la loi n°90/052 du 19 décembre 1990 relative à la liberté de communication sociale, modifiée par la loi n°96/04 du 4 janvier 1996, l'expression organe de presse désigne : « *tout journal écrit périodique, magazine feuille d'information, destiné à la communication de la pensée, des idées, des opinions, des faits d'actualité ou de société paraissant à intervalle régulier* ». Quant à l'article 35 du même texte, il définit la communication audiovisuelle comme étant celle qui désigne la création et l'exploitation des entreprises de radiodiffusion sonore et de télévision.

Aucune de ces définitions ne semble s'appliquer entièrement à l'Internet. Énumérant les formes et les modes de communication sociale, l'article 2 de la loi n°90/052 précitée cite l'imprimerie, la librairie, les organes de presse, les entreprises éditrices, les entreprises de distribution, l'affichage, les entreprises de communications audiovisuelles. Internet n'est cité nulle part. La non-précision de la nature d'Internet peut poser de nombreux problèmes à la fois pratiques et juridiques. Par exemple, l'infraction de diffamation prévue par l'article 305, alinéa 2 du Code pénal, cite les moyens par lesquels l'infraction peut être commise sans y viser l'Internet[181]. Pourtant, dans

---

[181] Le texte cite la presse écrite, la radio et la télévision.

l'avant-projet de réforme du Code pénal, le législateur avait ajouté à cette énumération la presse cybernétique.

La question est donc de savoir quel est le régime applicable à la diffamation via l'Internet. Faut-il considérer qu'une telle publication relève de la diffamation privée, comme le prévoit l'article 305, alinéa 7, du Code pénal, ou bien, en raison de la nature d'Internet, doit-on se référer à l'article 152 et considérer que l'Internet entre dans la catégorie de « tout procédé destiné à atteindre le public », ce qui entraînerait la qualification de diffamation publique ?

B. Les difficultés possibles susceptibles de dérogations

De cette première difficulté découle une seconde : le délai de prescription de quatre mois de l'action publique prévue à l'alinéa 5 est-il celui qu'il faille retenir pour tous les cas de diffamation ? Y a-t-il des hypothèses où devra s'appliquer le délai de 3 ans prévu par l'article 87 de la loi n° 90/052 précitée pour les infractions commises par voie d'organe de communication sociale, notamment lorsqu'il s'agira de la diffamation par voie de presse cybernétique ?

Il appartient dès lors au législateur de répondre de manière précise à ces questionnements, notamment à travers une adaptation des instruments normatifs cités plus haut à la réalité du moment.

Une autre difficulté majeure dans le traitement de la cybercriminalité est celle d'établir des règles de compétence. Ce problème d'ordre pratique aux conséquences juridiques s'est posé en France s'agissant des infractions commises sur l'Internet ; il s'agissait alors de savoir si ces infractions doivent être localisées en France lorsque le contenu de l'information contraire à la loi pénale est consultable depuis la France, ou s'il faut que le site à partir duquel le message a été mis en ligne soit destiné au public français, en d'autres termes, focalisé sur la France.

La jurisprudence française n'est pas stable sur cette question. Dans une décision remarquable relative à la vente par un site américain d'insignes nazis, le Tribunal de Grande Instance de Paris avait, en rejetant l'exception d'incompétence, opté pour une interprétation extensive de la compétence française en estimant que la publicité nécessaire à la constitution du délit d'apologie des crimes de guerre était localisée en France : « *sans qu'il soit besoin que l'internaute soit spécialement démarché par le propriétaire du site* »[182]. Selon cette ligne jurisprudentielle qui consacre la théorie de la localisation, la possibilité de consulter en France un message contraire à la loi pénale française suffirait à rendre l'ordre juridique français compétent pour sanctionner le responsable de cette diffusion illicite.

Cette solution a été à juste titre qualifiée à la fois de sévère et d'impraticable, dans la mesure où s'agissant d'une part de la compétence fondée sur le principe de territorialité, comme c'est le cas en France, le principe de réciprocité d'incrimination n'est pas applicable. D'autre part, appliquée à la lettre, cette solution revient à imposer le respect à l'étranger de toutes les règlementations françaises sanctionnées pénalement, alors même qu'elles n'ont manifestement été conçues que pour l'ordre juridique français.

Prenant en compte cette difficulté, la Cour de cassation française à travers sa Chambre criminelle s'est orientée en 2008 dans une direction moins expansionniste, dans un arrêt rendu à propos d'une affaire dans laquelle un article

---

[182] Ce serait le cas par exemple au Cameroun pour la cyberhomosexualité réprimée dans notre ordre juridique, mais pas forcément ailleurs.

d'un journal français avait été reproduit dans un journal italien ; elle a cassé la décision des juges du fond qui avaient retenu leur compétence du chef de contrefaçon : « *sans répondre aux conclusions du prévenu qui [...] faisait valoir que le journal dans lequel l'article avait été publié en Italie n'était pas diffusé en France dans sa version papier et que le site Internet, accessible à partir de l'adresse www.ifoglio.it, était exclusivement rédigé en langue italienne et n'était pas destiné au public du territoire français, aucune commande du quotidien ne pouvant être effectuée à partir du territoire français* »[183].

Cette solution qui consacre la théorie de la focalisation prête, elle aussi, le flanc à la critique. C'est à se demander en effet si cette théorie est applicable à toutes les infractions, notamment lorsqu'il s'agira de sanctionner les responsables d'un site de photos ou de vidéos à caractère pédophile accessible depuis le pays de nationalité du plaignant[184].

Il est à peu près certain que les mêmes problèmes vont se poser au juge répressif camerounais qui devra choisir entre la théorie de la localisation et celle de la focalisation. Selon le choix, on aboutira à un rejet ou à une affirmation de la compétence des juridictions camerounaises.

Pour Monsieur MMAN Raymond,[185] dont nous partageons le point de vue, il faudra procéder au cas par cas. Selon que l'infraction est grave et susceptible de troubler l'ordre juridique interne d'un pays, la théorie de la localisation pourrait être retenue. Au cas contraire, il faudra recourir à la théorie de la focalisation, au risque, entre autres problèmes, d'engorger nos tribunaux, d'autant que d'autres

---

[183] Crim.9 sept 2008, cité par GHESTEIN (D.), *op.cit,* p.58.

[184] *Ibid.*

[185] MMAN (R.), *La politique criminelle camerounaise applicable à la cybercriminalité*, Thèse, Université de Ngaoundéré 2020, p. 627.

difficultés, liées à la prescription de la cyberinfraction, pourraient également survenir.

Paragraphe II : le renforcement des lois pénales de fond

Deux axes de réflexions sont nécessaires à ce niveau. D'une part, étant donné que l'on a observé une imprécision de certains textes portant des incriminations de certains comportements, il apparait nécessaire de mieux rédiger lesdits textes afin d'avoir une plus grande clarté de la loi (A). De l'autre côté, à la lecture de certains droits étrangers, un certain nombre de comportements ont été incriminés pendant que le législateur camerounais est demeuré muet sur ces questions. Pourtant, la gravité de ces actes commande que le législateur s'y penche afin de sanctionner de manière efficace ces comportements déviants (B).

A. Une meilleure rédaction de certaines infractions déjà existantes dans le domaine de la cybercriminalité

Des efforts considérables ont été faits par le législateur afin de cerner de manière exhaustive le phénomène criminel au moyen d'Internet. Il demeure cependant que les forces du système, notamment cette volonté de tout embrasser, comportent les faiblesses du même système c'est-à-dire l'imprécision de la rédaction des incriminations. Il convient par exemple de noter que la loi camerounaise n°2010/012 autant que toutes les autres qui y sont consacrées n'ont pas défini le vocable pédopornographie[186]. Il s'agit là d'une insuffisance majeure.

Lorsqu'on observe de manière empirique les cybercafés, les domiciles, les rues, on constate que les jeunes

[186] *Idem* pour le législateur ivoirien. La Convention de Budapest de 2001 ne l'a pas non plus défini.

camerounais, voire les enfants, sont de plus en plus accrocs à l'Internet en général, et aux réseaux sociaux en particulier. La pédopornographie étant tributaire de l'utilisation de l'Internet, il est permis de conclure que le phénomène est réel dans notre pays. Avant de poursuivre, juger ou condamner un délinquant, les faits objets de la poursuite doivent aussi clairement que possible être définis par la loi, conforment au principe de la légalité criminelle. D'ailleurs, on a observé une tendance contraire dans des législations d'ailleurs. Ainsi, la Décision cadre du Conseil de l'Union européenne du 23 décembre 2003 donne ainsi qu'il suit une définition harmonisée de cette expression : « *il s'agit de tout matériel pornographique représentant de manière visuelle soit un enfant réel participant à un comportement sexuellement explicite ou s'y livrant, y compris l'exhibition lascive des parties génitales ou de la région pubienne d'un enfant ; soit une personne réelle qui paraît être un enfant participant ou se livrant au comportement visé précédemment ; soit enfin des images réalistes d'un enfant qui n'existe pas participant ou se livrant au comportement visé précédemment* ».[187]

Selon l'article 80, alinéas 1 et 2, de la loi n°2010/012 précitée qui incrimine ce comportement,

> *(1) « Est puni d'un emprisonnement de trois (03) à six (06) ans et d'une amende de 5.000.000 (cinq millions) à 10.000.000 (dix millions) FCFA, ou de l'une de ces deux peines seulement, celui qui diffuse, fixe, enregistre ou transmet à titre onéreux ou gratuit l'image présentant les actes de pédophilie*[188] *sur un mineur par voie de communications électroniques ou d'un système d'information ».*

---

[187] CHOPIN (F.), *op.cit*, p. 14.

[188] Il convient de remarquer que si le législateur parle d'actes de pédophilie et non de pédopornographie aux alinéas 1 et 2, l'alinéa 5 du même texte précise que les dispositions de l'article 80 sont également applicables aux images pornographiques mettant en scène les mineurs.

(2) « Est puni des mêmes peines prévues à l'alinéa 1 ci-dessus, quiconque offre, rend disponible ou diffuse, importe ou exporte, par quelque moyen électronique que ce soit, une image ou une représentation à caractère pédophile ».

À l'observation, cet article incrimine en réalité deux comportements différents. D'abord, le fait, en vue de sa diffusion, de fixer, d'enregistrer ou de transmettre l'image ou la représentation d'un mineur lorsque cette image ou cette représentation présente un caractère pédophile. Quelle différence faut-il faire entre l'image et la représentation ? Le législateur camerounais reste muet sur la question, de même que ses homologues malgaches, sénégalais, ivoiriens ou français. Pour la doctrine française, la représentation vise les images et films de synthèse ou virtuels, tels que les bandes dessinées, les mangas japonais, etc., lorsque ces représentations sont pornographiques[189].

Le deuxième comportement que l'article 80 incrimine c'est le fait d'offrir, de rendre disponible ou de diffuser une telle image ou représentation, par quelque moyen que ce soit, de l'importer ou de l'exporter (alinéa 2). Le délit est constitué dans l'exemple donné par Frédérique Chopin et tiré de la jurisprudence française lorsqu'un individu qui utilise deux logiciels d'échange et de partage de fichiers pour se connecter sur des sites Internet pédophiles se connecte sur le logiciel concerné et fait une requête par l'intermédiaire d'un moteur de recherche ; puis le système propose de télécharger les fichiers demandés[190].

Ces fichiers sont systématiquement mis en partage durant le téléchargement. Le prévenu a prétendu avoir toujours cliqué sur le signe indiquant qu'il voulait empêcher

---

[189]V. en ce sens, WERY (E.), *Sexe en ligne : aspects juridiques et protection des mineurs*, coll. Droit des technologies, LGDJ, 2004, cité par CHOPIN (F.), *op. cit.*, p.15.

[190] CA LITTORAL, 29 juin 2007, juin - Data n°344282, cité par CHOPIN (F.).

la diffusion, mais il est établi qu'il y a bien eu diffusion d'une image pornographique mettant en scène deux jeunes garçons manifestement mineurs pratiquant un acte sexuel.

Tel qu'on peut le remarquer, le caractère laconique de cette rédaction peut constituer une véritable entrave à la sanction d'un certain nombre de comportements graves. Des modifications législatives en ce sens permettraient assurément de parvenir à un meilleur résultat.

B. L'extension du champ d'incrimination

Dans son œuvre de lutte contre la cybercriminalité, le législateur a fait abstraction d'un certain nombre d'infractions qu'il aurait pu prévoir dans son dispositif. Certaines de ces incriminations, connues sous d'autres cieux, sont pourtant d'une importance capitale. Il s'agit par exemple de la criminalisation de certains comportements consistant en des atteintes aux données à caractère personnel ; l'incrimination de l'utilisation des moyens de cryptographie pour la préparation ou la commission d'un crime ou d'un délit.

Pour Frédérique Chopin, « *la protection des données personnelles correspond à une préoccupation constante des sociétés démocratiques cherchant à se défendre contre l'immixtion de l'État dans la vie privée* »[191]. Le législateur camerounais n'a pas défini l'expression « *données à caractère personnel* »[192]. Selon l'article 2 de la loi française

---

[191] L'article 6 de la loi organique tunisienne n°2004-63 du 27 juillet 2004 portant sur la protection des données à caractère personnel définit le terme fichier comme l'« ensemble des données à caractère personnel structuré et regroupé susceptible d'être consulté selon des critères déterminés et permettant d'identifier une personne déterminée ».

[192] Pas plus que le législateur malgache ou même sénégalais qui a pourtant consacré pour cette dernière cité de nombreuses dispositions à la répression de cette infraction cf. Section II de la loi n°2008-11 précitée.

n° 2004-801 précitée, « *Constitue une donnée à caractère personnel toute information relative à une personne physique identifiée, directement ou indirectement, par référence à un numéro d'identification ou à un ou plusieurs éléments qui lui sont propres. Pour déterminer si une personne est identifiable, il convient de considérer l'ensemble des moyens en vue de permettre son identification dont dispose ou auxquels peut avoir accès le responsable du traitement ou toute autre personne* ». Cette définition est reprise à l'article 1er de la Convention de l'Union africaine sur la cybersécurité et la protection des données à caractère personnel.

Autrement dit, les données sont considérées comme à caractère personnel dès lors qu'elles concernent des personnes physiques identifiées directement ou indirectement. Les données à caractère personnel permettent d'englober un certain nombre d'informations, telles que des données d'identification (nom, prénom, domicile, numéro d'identification, le cas échéant, empreintes digitales et autres données biométriques), mais aussi des données par exemple relatives au choix du médecin traitant, au consentement au don d'organes (ex : dans la carte vitale), des informations permettant indirectement son identification (ex : adresse IP, photographie, etc.)[193]. Ces données peuvent faire l'objet de plusieurs atteintes. Ainsi, le phénomène de piratage des comptes personnels prend de l'ampleur dans le cyberespace. Ainsi, le 12 octobre 2018, dans sa Newsroom, Facebook publiait de nouvelles[194] informations concernant

[193] En ce sens, CHOPIN (F.), *op.cit.*, p.9.

[194] Après le Scandale de CAMBRIDGE ANALYTICA considéré comme la plus grande piraterie de données personnelles sur Internet faite par ce cabinet britannique au préjudice de Facebook et qui a fait perdre plus de 100 milliards de dollars à cette entreprise. Ce scandale renvoie aux données personnelles de 87 millions d'utilisateurs

la faille de sécurité[195] découverte deux semaines auparavant, en septembre. Le réseau confirmait alors que les données personnelles de 29 millions de comptes avaient été bel et bien piratées.

Bien que la protection des données personnelles soit une question cruciale et délicate, il est surprenant de constater qu'aucune loi spécifique n'existe au Cameroun pour régir ce domaine, contrairement à d'autres pays qui ont établi des organismes de protection dédiés. Des vides juridiques sont donc à craindre. Néanmoins, la loi n°2010/012 incrimine certaines atteintes aux données à caractère personnel, que ce soit le traitement des données à caractère personnel, ou le détournement ou la divulgation des données, qui constituent des infractions en matière de fichiers ou de

---

Facebook que la Société CAMBRIDGE ANALYTICA (CA) a commencé à recueillir dès 2014. Ces informations ont servi à influencer les intentions de vote en faveur d'hommes politiques qui ont sollicité les services de la société pirate. À la suite de la révélation de la fuite, les pouvoirs publics américains et britanniques ont exprimé leur indignation. Même si la société FACEBOOK s'était excusée, la valeur de ses titres boursiers avait sensiblement décliné. Selon Facebook, les personnes touchées par la fuite sont ainsi réparties :

- Australie : 0,3 million ;
- Canada : 0,6 million ;
- États-Unis : 70 millions ;
- Royaume-Uni : 1 million.

En juillet 2015, l'implication du CA dans les primaires présidentiels du Parti républicain américain de 2016 avait été dévoilée. En décembre 2015, le journal The Guardian rapportait que l'homme politique américain TED CRUZ a utilisé les données de CA, les personnalités visées ignorant que des sociétés exploitaient ces informations. De même, CA aurait participé en 2016 à la campagne électorale de Donald TRUMP. Selon Christopher WYLIE, lanceur d'alerte canadien et ancien salarié de CA, « Sans CAMBRIDGE ANALYTICA, il n'y aurait pas eu de Brexit ». cf. https://newsroom.fb.com/news/2018/04-restricting-data-access/, consulté le 15 mars 2024 à 20h45mins.

[195] La faille a existé entre juillet 2017 et septembre 2018.

traitements informatiques. Mais, cette œuvre législative présente des insuffisances.

Parmi les lacunes, il y a la formulation problématique de l'incrimination pour avoir traité des données personnelles. Le législateur a malheureusement omis de spécifier certaines conditions nécessaires à la définition de l'infraction. De plus, la définition de l'infraction pour la collecte ou le stockage illicite de données personnelles manque de clarté. En outre, on observe une insuffisance dans l'incrimination des actes préjudiciables envers les fichiers et les systèmes informatiques.

Le législateur gagnerait alors, en s'inspirant des législations étrangères à bien préciser les faits qu'il entend sanctionner relativement à ces données personnelles, mais aussi à étendre le champ des incriminations possibles.

Selon l'article 4, alinéa 31 de la loi n°2010/012, la cryptographie s'entend de l'application des mathématiques permettant d'écrire l'information de manière à la rendre inintelligible à ceux ne possédant pas les capacités de la déchiffrer. Lorsqu'on parle de la cryptographie ou cryptologie, on évoque surtout les moyens utilisés pour la réaliser. Il s'agit de : « *l'ensemble des outils scientifiques et techniques (matériel ou logiciel) qui permettent de chiffrer et/ou de déchiffrer* » (article 4 précité). Ces moyens ont principalement pour objet ainsi qu'il transparait de la définition consacrée, de garantir la sécurité du stockage ou de la transmission de données, en permettant d'assurer leur confidentialité, leur authentification ou le contrôle de leur intégrité.

Ce sont ces moyens qui font l'objet tantôt d'atteintes, tantôt d'utilisation malveillante, que l'on regroupe sous le vocable d'atteintes au système de cryptographie ou cryptologie. À cet égard, il est loisible de constater que la législation camerounaise de 2010 incrimine bel et bien les cas d'atteintes au système de cryptographie. Mais ici également, cette œuvre demeure encore perfectible. On sait que, parlant des atteintes au système de cryptographie, on relève généralement le refus de remise de la clé de chiffrement et l'utilisation de moyens de cryptographie pour la préparation ou la commission d'un crime ou d'un délit. Le législateur camerounais incrimine le refus de remise de la clé de chiffrement sans problème particulier.

Ainsi l'article 58, alinéa 1 de la loi n°2010/012 : « *Les personnes physiques ou morales qui fournissent des prestations de cryptographie visant à assurer une fonction de confidentialité, sont tenues de remettre aux officiers de police judiciaire ou aux agents habilités de l'Agence (il s'agit de l'ANTIC), sur leur demande, les conventions permettant le déchiffrement des données transformées au moyen des prestations qu'elles ont fournies* ».

L'alinéa 2 précise que les officiers de police judiciaire et agents habilités de l'Agence peuvent demander aux fournisseurs des prestations visées à l'alinéa 1 ci-dessus de mettre eux-mêmes en œuvre ces conventions, sauf si ceux-ci démontrent qu'ils ne sont pas en mesure de satisfaire à de telles réquisitions.

On note cependant à la lecture de cette loi une absence d'incrimination de l'utilisation des moyens de cryptographie pour la préparation ou la commission d'un crime ou d'un délit.

En somme, nous avons présenté un certain nombre de pistes de réflexion qui permettraient de renforcer le système actuel de lutte contre la cybercriminalité au Cameroun. Certes, le dispositif en place est intéressant, mais, celui-ci commande des aménagements à bien des égards, ces aménagements restent perfectibles, d'autant que, quel que soit le niveau d'adaptation, sans la formation, l'équipement des enquêteurs, le professionnalisme des différents intervenants, aucun résultat significatif ne saurait être définitivement acquis, car la cybercriminalité, par nature, est une affaire complexe.

Conclusion de la seconde partie

En définitive, on peut constater que le Cameroun a pris conscience du danger et de la menace que représente la cybercriminalité sur son territoire en adoptant des textes spécifiques visant à prévenir et à réprimer efficacement les infractions en la matière. Cependant, l'ensemble des mesures prises jusqu'ici par l'État du Cameroun ne permettent toujours pas de réprimer efficacement ses infractions.

Les initiatives gouvernementales mises en place au plan national n'arrivent toujours pas à contenir le phénomène cybercriminel. Dès lors, on note une certaine fragilité de structures institutionnelles de l'État dans une lutte acharnée contre les infractions liées à l'usage des TIC. De ce fait, on a pu mettre en évidence les limites des institutions nationales impliquées dans cette lutte, tant au niveau de leur fonctionnement interne qu'au niveau juridique. Ces obstacles font en fait partie de l'une des limites de l'efficacité de la répression pénale à l'ère des TIC au Cameroun.

Au-delà de ce constat, nous avons proposé quelques pistes d'améliorations fourbissant quelques solutions visant à améliorer la répression pénale au Cameroun à l'ère des TIC.

- À première vue, nous avons suggéré la nécessité d'une stratégie globale axée sur la formation des acteurs de la société civile, y compris ceux qui sont référents ou spécialistes en matière de cybercriminalité.
- La nécessité de la mise sur pied d'un partenariat public- privé axé sur des stratégies d'actions de dialogue institutionnel et de partenariat;

- La seconde, trouver une stratégie de renforcement de la réponse répressive axée sur des moyens d'investigation, d'optimisation et de coopération dans la lutte contre les cyberinfractions visant à garantir le renforcement de la coopération des professionnels ;
- D'Internet et de l'aide octroyée par la coopération internationale.

CONCLUSION GÉNÉRALE

Le système public camerounais est à présent dirigé vers le cyberespace. Cependant, malgré les initiatives de politisation de l'espace virtuel prises par les gouvernements dans leur stratégie de riposte et de lutte contre les cyberinfractions ou les menaces criminelles dans cet espace, on constate une certaine légèreté et une certaine défaillance de la part des autorités publiques pour réagir avec fermeté face à ces nouvelles formes d'infractions.

Dans un contexte camerounais marqué par une accélération des infractions commises dans le cyberespace, et où l'espace virtuel est une sorte de voie et de couloir pour les criminels, les TIC, et notamment Internet, sont devenues des moteurs de destruction tant de l'identité institutionnelle que du respect des principes et des valeurs de la démocratie.

En effet, l'examen du système répressif camerounais montre qu'il prend en compte les infractions liées aux TIC, car, pour faire face à ces fléaux contemporains, le Cameroun a bâti une entreprise de normes qui ont permis d'incriminer spécifiquement et adéquatement les cyberinfractions, ainsi que de mettre en place d'importants dispositifs répressifs. Ces derniers donnent aux citoyens et aux différents acteurs un véritable cadre du système répressif et des outils leur permettant non seulement de combattre efficacement les cyberinfractions, mais aussi de réprimer tout acte ou toute action liée à l'utilisation des TIC à des fins criminelles.

La répression de la cybercriminalité au Cameroun et des multiples infractions liées à l'usage des TIC se heurte à plusieurs obstacles. En effet, au regard de l'évolution et de la complexité des technologies, la cybercriminalité a pris le court sur le système répressif camerounais, qui visiblement ne s'y était pas du tout adapté auparavant et préparé.

En dépit en des opportunités offertes par le cyberespace, il convient de relever également de nombreuses problématiques et défis qui posent et font obstacle aux politiques gouvernementales mises en place par l'État du Cameroun. Comme nous l'avons constaté tout au long de cette étude, les TIC accroissent les risques d'abus, car il est désormais possible pour tout individu d'attaquer loin des lieux du crime dans l'optique de causer préjudice à autrui.

La stabilité et la sécurité du cyberespace constituent dès à présent une source de préoccupation tant nationale que mondiale. C'est l'enjeu et peut-être même le défi futur de la souveraineté et de l'intégrité territoriale des États. Les données cruciales et les infrastructures font face à des risques latents[196], car le système actuel de régulation du cyberespace camerounais ne répond pas toujours aux attentes des entreprises, des citoyens et des pouvoirs en raison de l'avancée et de la persistance de la menace de cybercriminalité.

Le présent travail de recherche aura permis de mettre en évidence les imperfections tant du dispositif normatif que de l'institution de la répression pénale au Cameroun à l'ère des TIC.

S'agissant des limites du dispositif normatif, elles sont la conséquence de celles liées aux règles de fond et procédurales. La principale difficulté est d'autant plus celle de l'adaptation d'un véritable droit pénal au phénomène par

---

[196] KUATE GNOWA (E. D), *Les problèmes juridiques contrariant à la répression internationale de la cybercriminalité, limites à l'efficacité de la lutte*, Éditions universitaires européennes, 2020, p. 209.

voie cybernétique. Il y a aussi celle à l'exercice des poursuites visant à faciliter l'identification et la détermination de l'auteur d'un comportement cybercriminel, compte tenu de la pluralité d'intervenants.

Quant aux limites institutionnelles, elles sont le résultat tant des lacunes du système judiciaire que celles des institutions spécialisées.

En effet, le système judiciaire camerounais semble être encore un simple fœtus dans la lutte contre les cyberinfractions en dépit des difficultés rencontrées tant dans la phase préparatoire du procès et celle se déroulant pendant le procès visant la recherche de la vérité.

En ce qui concerne les institutions spécialisées, la lutte contre les cyberinfractions reste encore visible en raison de l'absence d'une véritable stratégie gouvernementale et du plan d'action de riposte contre les infractions orchestrées dans le cyberespace. Ces infractions causent des pertes économiques considérables à l'État du Cameroun, ce qui entraîne des conséquences sur l'intégrité physique et morale de la personne humaine.

Bâtir de véritables plans d'action et de stratégies gouvernementales de lutte contre les cyberinfractions donnerait un coup de l'espoir et de sourire aux citoyens victimes au quotidien de violation des Droits de l'Homme. Ces pouvoirs pourraient non seulement maintenir l'ordre public, sensibiliser l'opinion publique sur les dangers de l'utilisation des TIC, militer pour le vivre ensemble, mais préserver et consolider l'État de droit.

ANNEXES

ANNEXE 1 : Extrait de la loi de 2010 relative à la cybersécurité et la cybercriminalité au Cameroun

ANNEXE 2 : État de lutte contre la cybercriminalité en Afrique

ANNEXE 3 : Quelques décisions de justice en rapport avec la cybercriminalité

ANNEXE N°1 :

Extrait de la Loi de 2010 relative à la cybersécurité et la cybercriminalité au Cameroun

REPUBLIQUE DU CAMEROUN

PAIX - TRAVAIL - PATRIE

EXTRAIT DE LA LOI N°2010/012 DU 21 DÉCEMBRE 2010 RELATIVE À LA CYBERSÉCURITÉ ET LA CYBERCRIMINALITÉ AU CAMEROUN

TITRE PREMIER
DISPOSITIONS GENERALES

Article 1er.- La présente loi régit le cadre de sécurité des réseaux de communications électroniques et des systèmes d'information, définit et réprime les infractions liées à l'utilisation des technologies de l'information et de la communication au Cameroun. A ce titre, elle vise notamment à :

- instaurer la confiance dans les réseaux de communications électroniques et les systèmes d'information ;
- fixer le régime juridique de la preuve numérique, des activités de sécurité, de cryptographie et de certification électronique ;
- protéger les droits fondamentaux des personnes physiques, notamment le droit à la dignité humaine, à l'honneur et au respect de la vie privée, ainsi que les intérêts légitimes des personnes morales.

Article 2.- Sont exclues du champ de la présente loi, les applications spécifiques utilisées en matière de défense et de sécurité nationales.

Article 3.- Les réseaux de communications électroniques visés par la présente loi comprennent : les réseaux satellitaires, les réseaux terrestres, les réseaux électriques lorsqu'ils servent à l'acheminement de communications électroniques, les réseaux assurant la diffusion ou la distribution de services de communication audiovisuelle.

Article 4.- Au sens de la présente loi et de ses textes d'application, les définitions ci-après, sont admises :

1) **Accès illicite** : accès intentionnel, sans en avoir le droit, à l'ensemble ou à une partie d'un réseau de communications électroniques, d'un système d'information ou d'un équipement terminal ;
2) **Administration chargée des Télécommunications** : Ministère ou Ministre selon le cas, investi pour le compte du Gouvernement, d'une compétence générale sur le secteur des télécommunications et des technologies de l'information et de la communication.
3) **Algorithme** : suite d'opérations mathématiques élémentaires à appliquer à des données pour aboutir à un résultat désiré ;
4) **Algorithme asymétrique** : algorithme de chiffrement utilisant une clé publique pour chiffrer et une clé privée (différente) pour déchiffrer les messages ;
5) **Algorithme symétrique** : algorithme de chiffrement utilisant une même clé pour chiffrer et déchiffrer les messages ;
6) **Attaque active** : acte modifiant ou altérant les ressources ciblées par l'attaque (atteinte à l'intégrité, à la disponibilité et à la confidentialité des données) ;
7) **Attaque passive** : acte n'altérant pas sa cible (écoute passive, atteinte à la confidentialité) ;

8) **Atteinte à l'intégrité** : fait de provoquer intentionnellement une perturbation grave ou une interruption de fonctionnement d'un système d'information, d'un réseau de communications électroniques ou d'un équipement terminal, en introduisant, transmettant, endommageant, effaçant, détériorant, modifiant, supprimant ou rendant inaccessibles des données ;
9) **Audit de sécurité** : examen méthodique des composantes et des acteurs de la sécurité, de la politique, des mesures, des solutions, des procédures et des moyens mis en œuvre par une organisation, pour sécuriser son environnement, effectuer des contrôles de conformité, des contrôles d'évaluation de l'adéquation des moyens (organisationnels, techniques, humains, financiers) investis au regard des risques encourus, d'optimisation, de rationalité et de performance.
10) **Authentification** : critère de sécurité défini par un processus mis en œuvre notamment pour vérifier l'identité d'une personne physique ou morale et s'assurer que l'identité fournie correspond à l'identité de cette personne préalablement enregistrée ;
11) **Autorité de certification** : autorité de confiance chargée de créer et d'attribuer des clés publiques et privées ainsi que des certificats électroniques ;
12) **Autorité de Certification Racine** : Organisme investi de la mission d'accréditation des autorités de certification, de la validation de la politique de certification des autorités de certification accréditées, de la vérification et de la signature de leurs certificats respectifs ;
13) **Certificat électronique** : document électronique sécurisé par la signature électronique de la personne qui l'a émis et qui atteste après constat, la véracité de son contenu ;
14) **Certificat électronique qualifié** : certificat électronique émis par une autorité de certification agréée ;
15) **Certification électronique"** : émission de certificat électronique
16) **Chiffrement** : procédé grâce auquel on transforme à l'aide d'une convention secrète appelée clé, des informations claires en informations inintelligibles par des tiers n'ayant pas la connaissance de la clé ;
17) **Clé** : dans un système de chiffrement, elle correspond à une valeur mathématique, un mot, une phrase, qui permet, grâce à l'algorithme de chiffrement, de chiffrer ou de déchiffrer un message ;
18) **Clé privée** : clé utilisée dans les mécanismes de chiffrement asymétriques (ou chiffrement à clé publique), qui appartient à une entité et qui doit être secrète ;
19) **Clé publique** : clé servant au chiffrement d'un message dans un système asymétrique et donc librement diffusée ;
20) **Clé secrète** : clé connue de l'émetteur et du destinataire servant de chiffrement et de déchiffrement des messages et utilisant le mécanisme de chiffrement symétrique ;

21) **Code source** : ensemble des spécifications techniques, sans restriction d'accès ni de mise en œuvre, d'un logiciel ou protocole de communication, d'interconnexion, d'échange ou d'un format de données ;
22) **Communication audiovisuelle** : communication au public de services de radiodiffusion télévisuelle et sonore ;
23) **Communication électronique** : émission, transmission ou réception de signes, signaux, d'écrits, d'images ou de sons, par voie électromagnétique ;
24) **Confidentialité** : maintien du secret des informations et des transactions afin de prévenir la divulgation non autorisée d'informations aux non destinataires permettant la lecture, l'écoute, la copie illicite d'origine intentionnelle ou accidentelle durant leur stockage, traitement ou transfert ;
25) **Contenu** : ensemble d'informations relatives aux données appartenant à des personnes physiques ou morales, transmises ou reçues à travers les réseaux de communications électroniques et les Systèmes d'information ;
26) **Contenu illicite** : contenu portant atteinte à la dignité humaine, à la vie privée, à l'honneur ou à la sécurité nationale ;
27) **Courrier électronique** : message, sous forme de texte, de voix, de son ou d'image, envoyé par un réseau public de communication, stocké sur un serveur d'un réseau ou dans l'équipement terminal du destinataire, jusqu'à ce que ce dernier le récupère ;
28) **Cryptage** : utilisation de codes ou signaux non usuels permettant la conversion des informations à transmettre en des signaux incompréhensibles par les tiers ;
29) **Cryptanalyse** : ensemble des moyens qui permet d'analyser une information préalablement chiffrée en vue de la déchiffrer ;
30) **Cryptogramme** : Message chiffré ou codé ;
31) **Cryptographie** : application des mathématiques permettant d'écrire l'information, de manière à la rendre inintelligible à ceux ne possédant pas les capacités de la déchiffrer ;
32) **Cybercriminalité** : ensemble des infractions s'effectuant à travers le cyberspace par d'autres moyens que ceux habituellement mis en œuvre, et de manière complémentaire à la criminalité classique ;
33) **Cybersécurité** : ensemble de mesures de prévention, de protection et de dissuasion d'ordre technique, organisationnel, juridique, financier, humain, procédural et autres actions permettant d'atteindre les objectifs de sécurité fixés à travers les réseaux de communications électroniques, les systèmes d'information et pour la protection de la vie privée des personnes ;
34) **Déclaration des pratiques de certification** : ensemble des pratiques (organisation, procédures opérationnelles, moyens techniques et humains) que l'autorité de certification compétente applique dans le cadre de la fourniture de ce service et en conformité avec la (les) politique(s) de certification qu'il s'est engagé à respecter ;

35) **Déchiffrement** : opération inverse du chiffrement ;
36) **Déni de service** : attaque par saturation d'une ressource du système d'information ou du réseau de communications électroniques, afin qu'il s'effondre et ne puisse plus réaliser les services attendus de lui ;
37) **Déni de service distribué** : attaque simultanée des ressources du système d'information ou du réseau de communications électroniques, afin de les saturer et amplifier les effets d'entrave ;
38) **Disponibilité** : critère de sécurité permettant que les ressources des réseaux de communications électroniques, des systèmes d'information ou des équipements terminaux soient accessibles et utilisables selon les besoins (le facteur temps) ;
39) **Dispositif de création de signature électronique** : ensemble d'équipements et/ou logiciels privés de cryptage, homologués par une autorité compétente, configurés pour la création d'une signature électronique ;
40) **Dispositif de vérification de signature électronique**" : ensemble d'équipements et/ou logiciels publics de cryptage, homologués par une autorité compétente, permettant la vérification par une autorité de certification d'une signature électronique ;
41) **Données** : représentation de faits, d'informations ou de notions sous une forme susceptible d'être traitée par un équipement terminal, y compris un programme permettant à ce dernier d'exécuter une fonction ;
42) **Données de connexion** : ensemble de données relatives au processus d'accès dans une communication électronique ;
43) "**Données de trafic** : données ayant trait à une communication électronique indiquant l'origine, la destination, l'itinéraire, l'heure, la date, la taille et la durée de la communication ou le type du service sous-jacent ;
44) **Equipement terminal** : appareil, installation ou ensemble d'installations destiné à être connecté à un point de terminaison d'un système d'information et émettant, recevant, traitant, ou stockant des données d'information ;
45) **Fiabilité** : aptitude d'un système d'information ou d'un réseau de télécommunications à fonctionner sans incident pendant un temps suffisamment long ;
46) **Fournisseur des services de communications électroniques** : personne physique ou morale fournissant les prestations consistant entièrement ou principalement en la fourniture de communications électroniques ;
47) **Gravité de l'impact** : appréciation du niveau de gravité d'un incident, pondéré par sa fréquence d'apparition ;
48) **Intégrité des données** : critère de sécurité définissant l'état d'un réseau de communications électroniques, d'un système d'information ou d'un équipement terminal qui est demeuré intact et permet de s'assurer que les ressources n'ont pas été altérées (modifiées ou détruites) d'une façon tant intentionnelle qu'accidentelle, de manière à assurer leur exactitude, leur fiabilité et leur pérennité ;

49) **Interception illégale** : accès sans en avoir le droit ou l'autorisation, aux données d'un réseau de communications électroniques, d'un système d'information ou d'un équipement terminal ;
50) **Interception légale** : accès autorisé aux données d'un réseau de communications électroniques, d'un système d'information ou d'un équipement terminal
51) **Intrusion par intérêt** : accès intentionnel et sans droit dans un réseau de communications électroniques ou dans un système d'information, dans le but soit de nuire soit de tirer un bénéfice économique, financier, industriel, sécuritaire ou de souveraineté ;
52) **Intrusion par défi intellectuel**: accès intentionnel et sans droit dans un réseau de communications électroniques ou dans un système d'information, dans le but de relever un défi intellectuel pouvant contribuer à l'amélioration des performances du système de sécurité de l'organisation ;
53) **Logiciel trompeur** : logiciel effectuant des opérations sur un équipement terminal d'un utilisateur sans informer préalablement cet utilisateur de la nature exacte des opérations que le logiciel va effectuer sur son équipement terminal ou sans demander à l'utilisateur s'il consent à ce que le logiciel procède à ces opérations ;
54) **Logiciel espion** : type particulier de logiciel trompeur collectant les informations personnelles (sites web les plus visités, mots de passe, etc.) auprès d'un utilisateur du réseau de communications électroniques ;
55) **Logiciel potentiellement indésirable** : logiciel présentant des caractéristiques d'un logiciel trompeur ou d'un logiciel espion ;
56) **Message clair**" : version intelligible d'un message et compréhensible par tous ;
57) **Moyen de cryptographie** : équipement ou logiciel conçu ou modifié pour transformer des données, qu'il s'agisse d'informations ou de signaux, à l'aide de conventions secrètes ou pour réaliser une opération inverse avec ou sans convention secrète afin de garantir la sécurité du stockage ou de la transmission de données, et d'assurer leur confidentialité et le contrôle de leur intégrité ;
58) **Non répudiation** : critère de sécurité assurant la disponibilité de preuves qui peuvent être opposées à un tiers et utilisées pour prouver la traçabilité d'une communication électronique qui a eu lieu ;
59) **Politique de certification** : ensemble de règles identifiées, définissant les exigences auxquelles l'autorité de certification se conforme dans la mise en place de ses prestations et indiquant l'applicabilité d'un service de certification à une communauté particulière et/ou à une classe d'applications avec des exigences de sécurité communes ;
60) **Politique de sécurité** : référentiel de sécurité établi par une organisation, reflétant sa stratégie de sécurité et spécifiant les moyens de la réaliser ;
61) **Prestation de cryptographie** : opération visant à la mise en œuvre, pour le compte d'autrui, de moyens de cryptographie ;

62) **Réseau de communications électroniques :** Systèmes de transmission, actif ou passif et, le cas échéant, les équipements de commutation et de routage et les autres ressources qui permettent l'acheminement des signaux par câble, par voie hertzienne, par moyen optique ou par d'autres moyens électromagnétiques comprenant les réseaux satellitaires, les réseaux terrestres fixes (avec commutation de circuit ou de paquet, y compris l'Internet) et mobile, les systèmes utilisant le réseau électrique, pour autant qu'ils servent à la transmission des signaux, les réseaux utilisés pour la radiodiffusion sonore et télévisuelle et les réseaux câblés de télévision, quel que soit le type d'information transmise ;

63) **Réseau de télécommunications :** installation ou ensemble d'installations assurant soit la transmission et l'acheminement de signaux de télécommunications, soit l'échange d'informations de commande et de gestion associés à ces signaux entre les points de ce réseau ;

64) **Sécurité :** situation dans laquelle quelqu'un, quelque chose n'est exposé à aucun danger. Mécanisme destiné à prévenir un événement dommageable, ou à en limiter les effets ;

65) **Service de certification :** prestation fournie par une autorité de certification ;

66) **Service de communications électroniques :** prestation consistant entièrement ou principalement en la fourniture de communications électroniques à l'exclusion des contenus des services de communication audiovisuelle ;

67) **Signataire :** personne physique, agissant pour son propre compte ou pour celui de la personne physique ou morale qu'elle représente, qui met à contribution un dispositif de création de signature électronique ;

68) **Signature électronique :** signature obtenue par un algorithme de chiffrement asymétrique permettant d'authentifier l'émetteur d'un message et d'en vérifier l'intégrité ;

69) **Signature électronique avancée :** signature électronique obtenue à l'aide d'un certificat électronique qualifié ;

70) **Standard ouvert :** protocole de communication, d'interconnexion ou d'échange et format de données interopérable, dont les spécifications techniques sont publiques et sans restriction d'accès ni de mise en œuvre ;

71) **Système de détection :** système permettant de détecter les incidents qui pourraient conduire aux violations de la politique de sécurité et permettant de diagnostiquer des intrusions potentielles ;

72) **Système d'information :** dispositif isolé ou groupe de dispositifs interconnectés ou apparentés, assurant par lui-même ou par un ou plusieurs de ses éléments, conformément à un programme, un traitement automatisé de données ;

73) **Vulnérabilité :** défaut de sécurité se traduisant soit intentionnellement, soit accidentellement par une violation de la politique de sécurité, dans

l'architecture d'un réseau de communications électroniques, dans la conception d'un système d'information.

Article 5.- Les termes et expressions non définis dans cette loi, conservent leurs définitions ou significations données par les instruments juridiques internationaux auxquels l'Etat du Cameroun a souscrit, notamment, la Constitution et la Convention de l'Union Internationale des Télécommunications, le Règlement des Radiocommunications et le Règlement des Télécommunications Internationales.

TITRE II
DE LA CYBERSECURITE

CHAPITRE I
DE LA POLITIQUE GENERALE DE SECURITE ELECTRONIQUE

Article 6.- L'Administration chargée des Télécommunications élabore et met en œuvre, la politique de sécurité des communications électroniques en tenant compte de l'évolution technologique et des priorités du Gouvernement dans ce domaine.

A ce titre, elle :

- assure la promotion de la sécurité des réseaux de communications électroniques et des systèmes d'information ainsi que le suivi de l'évolution des questions liées à la sécurité et aux activités de certification ;
- coordonne sur le plan national les activités concourant à la sécurisation et à la protection des réseaux de communications électroniques et des systèmes d'information ;
- veille à la mise en place d'un cadre adéquat pour la sécurité des communications électroniques ;
- arrête la liste des autorités de certification ;
- assure la représentation du Cameroun aux instances internationales chargées des activités liées à la sécurisation et à la protection des réseaux de communications électroniques et des systèmes d'information.

CHAPITRE II
DE LA REGULATION ET DU SUIVI DES ACTIVITES DE SECURITE ELECTRONIQUE

Article 7.- (1) L'Agence Nationale des Technologies de l'Information et de la Communication, ci-après désignée l'Agence, instituée par la loi régissant les communications électroniques au Cameroun, est chargée de la régulation des activités de sécurité électronique, en collaboration avec l'Agence de Régulation des Télécommunications.

(2) L'Agence prévue à l'alinéa 1 ci-dessus, assure pour le compte de l'Etat, la régulation, le contrôle et le suivi des activités liées à la sécurité des systèmes d'information et des réseaux de communications électroniques, et à la certification électronique. A ce titre, elle a notamment pour missions :

- d'instruire les demandes d'accréditation et de préparer les cahiers de charges des autorités de certification et de les soumettre à la signature du Ministre chargé des Télécommunications ;
- de contrôler la conformité des signatures électroniques émises ;
- de participer à l'élaboration de la politique nationale de sécurité des réseaux de communications électroniques et de certification ;
- d'émettre un avis consultatif sur les textes touchant à son domaine de compétence ;
- de contrôler les activités de sécurité des réseaux de communications électroniques, des systèmes d'information et de certification ;
- d'instruire les demandes d'homologation des moyens de cryptographie et de délivrer les certificats d'homologation des équipements de sécurité ;
- de préparer les conventions de reconnaissance mutuelle avec les parties étrangères et de les soumettre à la signature du Ministre chargé des Télécommunications ;
- d'assurer la veille technologique et d'émettre des alertes et recommandations en matière de sécurité des réseaux de communications électroniques et de certification ;
- de participer aux activités de recherche, de formation et d'études afférentes à la sécurité des réseaux de communications électroniques, des systèmes d'information et de certification ;
- de s'assurer de la régularité, de l'effectivité des audits de sécurité des systèmes d'information suivant les normes en la matière, des organismes publics et des autorités de certification ;
- d'assurer la surveillance, la détection et l'information aux risques informatiques et cybercriminels ;
- d'exercer toute autre mission d'intérêt général que pourrait lui confier l'autorité de tutelle.

(3) Un décret du Premier Ministre précise les modalités d'application des dispositions de l'alinéa 1 ci-dessus.

Article 8.- (1) L'Agence est l'Autorité de Certification Racine.

(2) L'Agence est l'autorité de certification de l'Administration Publique.

Article 9.- (1) Les autorités de certification accréditées, les auditeurs de sécurité, les éditeurs de logiciels de sécurité et les autres prestataires de services de sécurité agréés, sont assujettis au paiement d'une contribution de 1,5 % de leur chiffre d'affaires hors taxes, destinée au financement d'un fonds dénommé « **Fonds Spécial des Activités de Sécurité Electronique** », au titre du financement de la recherche, du développement, de la formation et des études en matière de cybersécurité.

(2) Les ressources visées à l'alinéa 1 ci-dessus sont recouvrées par l'Agence et déposées dans un compte ouvert à la Banque Centrale.

(3) Il est créé un Comité chargé de la validation des projets prioritaires de recherche, de développement, de formation et des études en matière de cybersécurité.

Les modalités de fonctionnement de ce Comité sont fixées dans un texte réglementaire.

(4) Le Ministre chargé des Télécommunications est l'ordonnateur des dépenses engagées sur le fonds visé à l'alinéa 1 ci-dessus.

(5) Les conditions et les modalités de perception et de gestion de cette redevance sont définies par voie réglementaire.

CHAPITRE III
DU REGIME JURIDIQUE DES ACTIVITES DE CERTIFICATION

Article 10.- L'activité de certification électronique est soumise à autorisation préalable. Elle est exercée par des autorités de certification.

Article 11.- Peuvent faire l'objet d'une autorisation :

- la mise en place et l'exploitation d'une infrastructure en vue d'émettre, de conserver et de délivrer les certificats électroniques qualifiés ;
- la mise à la disposition du public, des clés publiques de tous les utilisateurs.

Article 12.- Les conditions et les modalités d'octroi de l'autorisation visée à l'article 10 ci-dessus sont fixées par voie réglementaire.

CHAPITRE IV
DES ACTIVITES DE SECURITE

Article 13.- (1) Sont soumis à un audit de sécurité obligatoire, les réseaux de communications électroniques et les systèmes d'information, des opérateurs, des autorités de certification et des fournisseurs de services de communications électroniques.

(2) Les conditions et les modalités de l'audit de sécurité prévu à l'alinéa 1 ci-dessus sont définies par voie réglementaire.

Article 14.- Le personnel de l'Agence et les experts commis en vue d'accomplir des opérations d'audit sont astreints au secret professionnel.

CHAPITRE V
DE LA CERTIFICATION ELECTRONIQUE

Article 15.- (1) Les certificats électroniques qualifiés ne sont valables que pour les objets pour lesquels ils ont été émis.

(2) Les dispositifs de création et de vérification des certificats qualifiés sont du point de vue technologique neutres, normalisés, homologués et interopérables.

Article 16.- (1) Les autorités de certification sont responsables du préjudice causé aux personnes qui se sont fiées aux certificats présentés par elles comme qualifiés dans chacun des cas suivants :

- les informations contenues dans le certificat, à la date de sa délivrance, étaient inexactes ;
- les données prescrites pour que le certificat puisse être regardé comme qualifié étaient incomplètes ;
- la délivrance du certificat qualifié n'a pas donné lieu à la vérification que le signataire détient la convention privée correspondant à la convention publique de ce certificat ;
- les autorités de certification et les prestataires de certification n'ont pas, le cas échéant, fait procéder à l'enregistrement de la révocation du certificat qualifié et tenu cette information à la disposition des tiers.

(2) Les autorités de certification ne sont pas responsables du préjudice causé par un usage du certificat qualifié dépassant les limites fixées à son utilisation ou à la valeur des transactions pour lesquelles il peut être utilisé, à condition que ces limites figurent dans le certificat qualifié et soient accessibles aux utilisateurs.

(3) Les autorités de certification doivent justifier d'une garantie financière suffisante, spécialement affectée au paiement des sommes qu'elles pourraient devoir aux personnes s'étant fiées raisonnablement aux certificats qualifiés qu'elles délivrent, ou d'une assurance garantissant les conséquences pécuniaires de leur responsabilité civile professionnelle.

CHAPITRE VI
DE LA SIGNATURE ELECTRONIQUE

Article 17.- La signature électronique avancée a la même valeur juridique que la signature manuscrite et produit les mêmes effets que cette dernière.

Article 18.- Une signature électronique avancée doit remplir les conditions ci-après:

- les données afférentes à la création de la signature sont liées exclusivement au signataire et sont sous son contrôle exclusif ;
- toute modification à elle apportée, est facilement décelable ;

- elle est créée au moyen d'un dispositif sécurisé dont les caractéristiques techniques sont fixées par un texte du Ministre chargé des Télécommunications ;
- le certificat utilisé pour la génération de la signature est un certificat qualifié. Un texte du Ministre chargé des Télécommunications fixe les critères de qualification des certificats.

CHAPITRE VII
DES CERTIFICATS ET SIGNATURES ELECTRONIQUES DELIVRES PAR LES AUTORITES DE CERTIFICATION

Article 19.- L'autorité de certification ayant conféré la validité à un certificat électronique ne peut se renier.

Article 20.- (1) Un certificat électronique émis hors du territoire national produit les mêmes effets juridiques qu'un certificat qualifié émis au Cameroun à condition qu'il existe un acte de reconnaissance de l'autorité émettrice signé par le Ministre chargé des Télécommunications.

(2) L'interopérabilité des certificats électroniques qualifiés est règlementée par un texte du Ministre chargé des Télécommunications.

CHAPITRE VIII
DU DOCUMENT ELECTRONIQUE

Article 21.- Toute personne désirant apposer sa signature électronique sur un document peut créer cette signature par un dispositif fiable dont les caractéristiques techniques sont fixées par un texte du Ministre chargé des Télécommunications.

Article 22.- Toute personne utilisant un dispositif de signature électronique doit :

- prendre les précautions minimales qui sont fixées par le texte visé à l'article 21 ci-dessus, afin d'éviter toute utilisation illégale des éléments de cryptage ou des équipements personnels relatifs à sa signature ;
- informer l'autorité de certification de toute utilisation illégitime de sa signature ;
- veiller à la véracité de toutes les données qu'elle a déclarées au fournisseur de services de certification électronique et à toute personne à qui il a demandé de se fier à sa signature.

Article 23.- En cas de manquement aux engagements prévus à l'article 22 ci-dessus, le titulaire de la signature est responsable du préjudice causé à autrui.

CHAPITRE IX
DE LA PROTECTION DES RESEAUX DE COMMUNICATIONS ELECTRONIQUES, DES SYSTEMES D'INFORMATION ET DE LA VIE PRIVEE DES PERSONNES

SECTION I
DE LA PROTECTION DES RESEAUX DE COMMUNICATIONS ELECTRONIQUES

Article 24.- Les opérateurs des réseaux de communications électroniques et les fournisseurs de services de communications électroniques doivent prendre toutes les mesures techniques et administratives nécessaires pour garantir la sécurité des services offerts. A cet effet, ils sont tenus d'informer les usagers :

- du danger encouru en cas d'utilisation de leurs réseaux ;
- des risques particuliers de violation de la sécurité notamment, les dénis de service distribués, le re-routage anormal, les pointes de trafic, le trafic et les ports inhabituels, les écoutes passives et actives, les intrusions et tout autre risque ;
- de l'existence de moyens techniques permettant d'assurer la sécurité de leurs communications.

Article 25.- (1) Les opérateurs de réseaux et les fournisseurs de services de communications électroniques ont l'obligation de conserver les données de connexion et de trafic pendant une période de dix (10) ans.

(2) Les opérateurs de réseaux et les fournisseurs de services de communications électroniques installent des mécanismes de surveillance de trafic des données de leurs réseaux. Ces données peuvent être accessibles lors des investigations judiciaires.

(3) La responsabilité des opérateurs de réseaux et celles des fournisseurs de services de communications électroniques est engagée si l'utilisation des données prévue à l'alinéa 2 ci-dessus porte atteinte aux libertés individuelles des usagers.

SECTION II
DE LA PROTECTION DES SYSTEMES D'INFORMATION

Article 26.- (1) Les exploitants des systèmes d'information prennent toutes les mesures techniques et administratives afin de garantir la sécurité des services offerts. A cet effet, ils se dotent de systèmes normalisés leur permettant d'identifier, d'évaluer, de traiter et de gérer continûment les risques liés à la sécurité des systèmes d'information dans le cadre des services offerts directement ou indirectement.

(2) Les exploitants des systèmes d'information mettent en place des mécanismes techniques pour faire face aux atteintes préjudiciables à la disponibilité permanente des systèmes, à leur intégrité, à leur authentification, à leur non répudiation par des utilisateurs tiers, à la confidentialité des données et à la sécurité physique.

(3) Les mécanismes prévus à l'alinéa 2 ci-dessus, font l'objet d'approbation et de visa conforme par l'Agence.

(4) Les plates-formes des systèmes d'information font l'objet de protection contre d'éventuels rayonnements et des intrusions qui pourraient compromettre l'intégrité des données transmises et contre toute autre attaque externe notamment par un système de détection d'intrusions.

<u>Article 27</u>.- Les personnes morales dont l'activité est d'offrir un accès à des systèmes d'information sont tenues d'informer les usagers :

- du danger encouru dans l'utilisation des systèmes d'information non sécurisés notamment pour les particuliers ;
- de la nécessité d'installer des dispositifs de contrôle parental ;
- des risques particuliers de violation de sécurité, notamment la famille générique des virus ;
- de l'existence de moyens techniques permettant de restreindre l'accès à certains services et de leur proposer au moins l'un de ces moyens, notamment l'utilisation des systèmes d'exploitation les plus récents, les outils antivirus et contre les logiciels espions et trompeurs, l'activation des pare-feu personnels, de systèmes de détection d'intrusions et l'activation des mises à jour automatiques.

<u>Article 28</u>.- (1) Les exploitants des systèmes d'information informent les utilisateurs de l'interdiction faite d'utiliser le réseau de communications électroniques pour diffuser des contenus illicites ou tout autre acte qui peut entamer la sécurité des réseaux ou des systèmes d'information.

(2) L'interdiction porte également sur la conception de logiciel trompeur, de logiciel espion, de logiciel potentiellement indésirable ou de tout autre outil conduisant à un comportement frauduleux.

<u>Article 29</u>.- (1) Les exploitants des systèmes d'information ont l'obligation de conserver les données de connexion et de trafic de leurs systèmes d'information pendant une période de dix (10) ans.

(2) Les exploitants des systèmes d'information sont tenus d'installer des mécanismes de surveillance de contrôle d'accès aux données de leurs systèmes d'information. Les données conservées peuvent être accessibles lors des investigations judiciaires.

(3) Les installations des exploitants des systèmes d'information peuvent faire l'objet de perquisition ou de saisie sur ordre d'une autorité judiciaire dans les conditions prévues par les lois et règlements en vigueur.

<u>Article 30</u>.- (1) Les exploitants des systèmes d'information évaluent, révisent leurs systèmes de sécurité et introduisent en cas de nécessité les modifications appropriées dans leurs pratiques, mesures et techniques de sécurité en fonction de l'évolution des technologies.

(2) Les exploitants des systèmes d'information et leurs utilisateurs peuvent coopérer entre eux pour l'élaboration et la mise en œuvre des pratiques, mesures et techniques de sécurité de leurs systèmes.

Article 31.- (1) Les fournisseurs de contenus des réseaux de communications électroniques et systèmes d'information sont tenus d'assurer la disponibilité des contenus, ainsi que celle des données stockées dans leurs installations.

(2) Ils ont l'obligation de mettre en place des filtres pour faire face aux atteintes préjudiciables aux données personnelles et à la vie privée des utilisateurs.

Article 32.- (1) Les réseaux de communications électroniques et les systèmes d'information sont soumis à un régime d'audit de sécurité obligatoire et périodique de leurs systèmes de sécurité par l'Agence.

(2) L'audit de sécurité et les mesures d'impact de gravité sont effectués chaque année ou lorsque les circonstances l'exigent.

(3) Les rapports d'audit sont confidentiels et adressés au Ministre chargé des Télécommunications.

(4) Un texte du Ministre chargé des Télécommunications fixe les conditions d'évaluation des niveaux d'impact de gravité.

SECTION III
DES OBLIGATIONS DES FOURNISSEURS D'ACCES, DE SERVICES ET DES CONTENUS

Article 33.- Les personnes dont l'activité est d'offrir un accès à des services de communications électroniques, informent leurs abonnés de l'existence de moyens techniques permettant de restreindre l'accès à certains services ou de les sélectionner et leur proposent au moins un de ces moyens.

Article 34.- (1) La responsabilité des personnes qui assurent, même à titre gratuit, le stockage des signaux, d'écrits, d'images, de sons ou de messages de toute nature fournis par les destinataires de ces services, peut être engagée.

(2) Toutefois, la responsabilité prévue à l'alinéa 1 ci-dessus n'est point engagée dans les cas suivants :

- les personnes n'avaient pas effectivement connaissance de leur caractère illicite ou de faits et circonstances faisant apparaître ce caractère ;
- si, dès le moment où elles ont eu connaissance des faits, elles ont agi promptement pour retirer ces données ou en rendre l'accès impossible.

Article 35.- (1) Les personnes mentionnées aux articles 33 et 34 ci-dessus, sont tenues de conserver, pendant une durée de dix (10) ans, les données permettant l'identification de toute personne ayant contribué à la création du contenu des services dont elles sont prestataires.

(2) Elles fournissent aux personnes qui éditent un service de communications électroniques des moyens techniques permettant à celles-ci de satisfaire aux conditions d'identification prévues aux articles 37 et 38 ci-dessous.

(3) L'autorité judiciaire peut requérir communication auprès des prestataires mentionnés aux articles 33 et 34 ci-dessus des données prévues à l'alinéa 1 ci-dessus.

Article 36.- La juridiction compétente saisie statue dans un délai maximum de trente (30) jours sur toutes mesures propres à prévenir un dommage ou à faire cesser un dommage occasionné par le contenu d'un service de communication électronique.

Article 37.- Les personnes dont l'activité consiste à éditer un service de communications électroniques, mettent à la disposition du public :

- leurs nom, prénoms, domicile et numéro de téléphone et, si elles sont assujetties aux formalités d'inscription au registre de commerce et du crédit mobilier, le numéro de leur inscription, s'il s'agit des personnes physiques ;
- leur dénomination ou leur raison sociale et leur siège social, leur numéro de téléphone et, s'il s'agit des personnes morales assujetties aux formalités d'inscription au registre de commerce et du crédit mobilier, le numéro de leur inscription, leur capital social, l'adresse de leur siège social, s'il s'agit des personnes morales ;
- le nom du directeur ou du codirecteur de la publication et, le cas échéant, celui du responsable de la rédaction ;
- le nom, la dénomination ou la raison sociale, l'adresse et le numéro de téléphone du prestataire mentionné aux articles 33 et 34.

Article 38.- (1) Les personnes éditant à titre non professionnel un service de communications électroniques peuvent ne tenir à la disposition du public que le nom, la dénomination ou la raison sociale et l'adresse du prestataire.

(2) Les personnes mentionnées aux articles 33 et 34 ci-dessus, sont assujetties au secret professionnel.

Article 39.- (1) Toute personne victime d'une diffamation au moyen d'un service de communications électroniques, dispose d'un droit de réponse et peut en exiger la rectification.

(2) Les conditions d'insertion du droit de réponse sont celles prévues par les textes en vigueur.

Article 40.- (1) Toute personne assurant une activité de transmission de contenus sur un réseau de communications électroniques ou de fourniture d'accès à un réseau de communications électroniques ne peut voir sa responsabilité engagée que lorsque :

- elle est à l'origine de la demande de transmission litigieuse ;

- **elle sélectionne ou modifie les contenus faisant l'objet de la transmission.**

(2) Toute personne assurant dans le seul but de rendre plus efficace leur transmission ultérieure, une activité de stockage automatique, intermédiaire et temporaire des contenus qu'un prestataire transmet, ne peut voir sa responsabilité civile ou pénale engagée en raison de ces contenus que dans le cas où elle a modifié ces contenus, ne s'est pas conformée à leurs conditions d'accès et aux règles usuelles concernant leur mise à jour ou a entravé l'utilisation licite et usuelle de la technologie utilisée pour obtenir les données.

SECTION IV
DE LA PROTECTION DE LA VIE PRIVEE DES PERSONNES

Article 41.- Toute personne a droit au respect de sa vie privée. Les juges peuvent prendre les mesures conservatoires, notamment le séquestre et la saisie pour empêcher ou faire cesser une atteinte à la vie privée.

Article 42.- La confidentialité des communications acheminées à travers les réseaux de communications électroniques et les systèmes d'information, y compris les données relatives au trafic, est assurée par les opérateurs et exploitants des réseaux de communications électroniques et des systèmes d'information.

Article 43.- Le fournisseur de contenus est responsable des contenus véhiculés par son système d'information, notamment lorsque ces contenus portent atteinte à la dignité humaine, à l'honneur et à la vie privée.

Article 44.- (1) Interdiction est faite à toute personne physique ou morale d'écouter, d'intercepter, de stocker les communications et les données relatives au trafic y afférent, ou de les soumettre à tout autre moyen d'interception ou de surveillance, sans le consentement des utilisateurs concernés, sauf lorsque cette personne y est légalement autorisée.

(2) Toutefois, le stockage technique préalable à l'acheminement de toute communication est autorisé aux opérateurs et exploitants des réseaux de communications électroniques, sans préjudice du principe de confidentialité.

Article 45.- L'enregistrement des communications et des données de trafic y afférentes, effectué dans le cadre professionnel en vue de fournir la preuve numérique d'une communication électronique est autorisé.

Article 46.- (1) Les fournisseurs de contenus des réseaux de communications électroniques et systèmes d'information, sont tenus de conserver les contenus ainsi que les données stockées dans leurs installations pendant une durée de dix (10) ans.

(2) Les fournisseurs de contenus des réseaux de communications électroniques et systèmes d'information, ont l'obligation de mettre en place des filtres pour faire face aux atteintes préjudiciables aux données personnelles et à la vie privée des utilisateurs.

Article 47.- L'utilisation des réseaux de communications électroniques et des systèmes d'information aux fins de stocker les informations ou d'accéder à des informations stockées dans un équipement terminal d'une personne physique ou morale, ne peut se faire qu'avec son consentement préalable.

Article 48.- (1) L'émission des messages électroniques à des fins de prospection en dissimulant l'identité de l'émetteur au nom duquel la communication est faite, ou sans indiquer une adresse valide à laquelle le destinataire peut transmettre une demande visant à obtenir l'arrêt de ces informations est interdite.

(2) L'émission des messages électroniques en usurpant l'identité d'autrui est interdite.

SECTION V
DE L'INTERCEPTION DES COMMUNICATIONS ELECTRONIQUES

Article 49.- Nonobstant les dispositions du Code de Procédure Pénale, en cas de crimes ou délits prévus dans la présente loi, l'Officier de Police Judiciaire peut intercepter, enregistrer ou transcrire toute communication électronique.

Article 50.- Si les opérateurs de réseaux de communications électroniques ou les fournisseurs de services de communications électroniques procèdent au codage, à la compression ou au chiffrement des données transmises, les interceptions correspondantes sont fournies en clair aux services qui les ont requis.

Article 51.- Les personnels des opérateurs des réseaux de communications électroniques ou des fournisseurs de services de communications électroniques sont astreints au secret professionnel quant aux réquisitions reçues.

TITRE III
DE LA CYBERCRIMINALITE

CHAPITRE I
DES DISPOSITIONS DU DROIT PROCESSUEL

Article 52.- (1) En cas d'infraction cybernétique, les Officiers de Police Judiciaire à compétence générale et les agents habilités de l'Agence, procèdent aux enquêtes conformément aux dispositions du Code de Procédure Pénale.

(2) Avant leur entrée en fonction, les agents habilités de l'Agence prêtent serment, devant le Tribunal de Première Instance compétent, selon la formule suivante : « **Je jure de remplir loyalement mes fonctions et d'observer en tout les devoirs qu'elles m'imposent, de garder secrètes les informations dont j'ai eu connaissance à l'occasion ou dans l'exercice de mes fonctions** ».

(3) Les Officiers de Police Judiciaire et les agents habilités de l'Agence peuvent, lors des investigations, accéder aux moyens de transport, à tout local à usage professionnel, à l'exclusion des domiciles privés, en vue de rechercher, de constater les infractions, de demander la communication de tous les documents professionnels et en prendre copie, recueillir, sur convocation ou sur place, les renseignements et justifications.

Article 53.- (1) Les perquisitions en matière de cybercriminalité sont susceptibles de porter sur des données qui peuvent être des supports physiques ou des copies réalisées en présence des personnes qui assistent à la perquisition.

(2) Lorsqu'une copie des données saisies a été faite, celle-ci peut être détruite sur instruction du Procureur de la République pour des raisons de sécurité.

(3) Sur accord du Procureur de la République, seuls seront gardés sous scellé par l'Officier de Police Judiciaire, les objets, documents et données utilisées à la manifestation de la vérité.

(4) Les personnes présentes lors de la perquisition peuvent être réquisitionnées de fournir les renseignements sur les objets, documents et données saisis.

Article 54.- Les perquisitions et les saisies sont effectuées conformément aux dispositions du Code de Procédure Pénale en tenant compte du dépérissement des preuves.

Article 55.- (1) Lorsqu'il apparaît que les données saisies ou obtenues au cours de l'enquête ou de l'instruction ont fait l'objet d'opérations de transformation empêchant d'accéder en clair ou sont de nature à compromettre les informations qu'elles contiennent, le Procureur de la République, le Juge d'Instruction ou la juridiction de jugement peuvent réquisitionner toute personne physique ou morale qualifiée, en vue d'effectuer les opérations techniques permettant d'obtenir la version en clair desdites données.

(2) Lorsqu'un moyen de cryptographie a été utilisé, les autorités judiciaires peuvent exiger la convention secrète de déchiffrement du cryptogramme.

Article 56.- La réquisition prévue à l'article 50 ci-dessus peut être faite à tout expert. Dans ce cas, son exécution est faite conformément aux dispositions du Code de procédure pénale relatives à la commission d'expert.

Article 57.- (1) Les autorités judiciaires camerounaises peuvent donner commission rogatoire tant nationale qu'internationale, à toute personne morale ou physique pour rechercher les éléments constitutifs des infractions de cybercriminalité, dont au moins l'un des éléments constitutifs a été commis sur le territoire camerounais ou dont l'un des auteurs ou complices se trouve dans ledit territoire.

(2) Sous réserve des règles de réciprocité entre le Cameroun et les pays étrangers liés par un accord de coopération judiciaire, les commissions rogatoires sont exécutées conformément aux dispositions du Code de Procédure Pénale.

Article 58.- (1) Les personnes physiques ou morales qui fournissent des prestations de cryptographie visant à assurer une fonction de confidentialité, sont tenues de remettre aux Officiers de Police Judiciaire ou aux agents habilités de l'Agence, sur leur demande, les conventions permettant le déchiffrement des données transformées au moyen des prestations qu'elles ont fournies.

(2) Les Officiers de Police Judiciaire et agents habilités de l'Agence peuvent demander aux fournisseurs des prestations visés à l'alinéa 1 ci-dessus de mettre eux-mêmes en œuvre ces conventions, sauf si ceux-ci démontrent qu'ils ne sont pas en mesure de satisfaire à de telles réquisitions.

Article 59.- (1) Lorsque les nécessités de l'enquête ou de l'instruction le justifient, l'audition ou l'interrogatoire d'une personne et/ou la confrontation entre plusieurs personnes, peuvent être effectuées en plusieurs points du territoire national se trouvant reliés par des moyens de communications électroniques garantissant la confidentialité de la transmission. Il est dressé, dans chacun des lieux, un Procès-verbal des opérations qui y ont été effectuées. Ces opérations peuvent faire l'objet d'enregistrement audiovisuel et/ou sonore.

(2) Lorsque les circonstances l'exigent, l'interprétation peut être faite au cours d'une audition, d'un interrogatoire ou d'une confrontation par des moyens de communications électroniques.

(3) Les dispositions du présent article sont également applicables pour l'exécution simultanée, sur un point du territoire national et sur un point situé à l'extérieur, des demandes d'entraide émanant des autorités judiciaires étrangères ou des actes d'entraide réalisés à l'étranger sur demande des autorités judiciaires camerounaises.

(4) Les modalités d'application du présent article sont définies par voie réglementaire.

CHAPITRE II
DES INFRACTIONS ET DES SANCTIONS

Article 60.- (1) Lorsqu'une autorité de certification ne respecte pas les obligations auxquelles elle est assujettie, l'Agence peut, après avoir mis la structure en demeure de présenter ses observations, prononcer l'interdiction de mise en circulation du moyen de cryptographie concerné.

(2) L'interdiction de mise en circulation est applicable sur l'ensemble du territoire national. Elle emporte en outre pour le fournisseur, l'obligation de procéder au retrait des :

- moyens de cryptographie dont la mise en circulation a été interdite auprès des diffuseurs commerciaux ;
- matériels constituant des moyens de cryptographie dont la mise en circulation a été interdite et qui ont été acquis à titre onéreux, directement ou par l'intermédiaire de diffuseurs commerciaux.

(3) Le moyen de cryptographie concerné pourra être remis en circulation dès que les obligations antérieurement non respectées auront été satisfaites et dûment constatées par l'Agence.

Article 61.- (1) Sont punis d'un emprisonnement de trois (03) mois à trois (03) ans et d'une amende de 20.000 (vingt mille) à 100.000 (cent mille) F CFA, les personnels de l'Agence et les experts des personnes morales chargés des audits qui révèlent sans autorisation, des informations confidentielles dont ils ont eu connaissance à l'occasion d'un audit de sécurité.

(2) Est puni d'un emprisonnement de trois (03) mois à quatre (04) ans, le refus de déférer aux convocations des agents habilités de l'Agence.

(3) Est puni d'un emprisonnement de un (01) à cinq (05) ans et d'une amende de 100.000 (cent mille) à 1.000.000 (un million) F CFA ou de l'une de ces deux peines seulement, celui qui, par quelque moyen que ce soit, fait obstacle, incite à résister ou à empêcher le déroulement des audits de sécurité prévus au présent article ou refuse de fournir les informations ou documents y afférents.

Article 62.- (1) Est puni d'un emprisonnement de un (01) à cinq (05) ans et d'une amende de 200.000 (deux cent mille) à 2.000.000 (deux millions) F CFA, celui qui présente aux personnes mentionnées aux articles 33 et 34 ci-dessus, un contenu ou une activité comme étant illicite dans le but d'en obtenir le retrait ou d'en faire cesser la diffusion, alors qu'elle sait cette information inexacte.

(2) Le directeur de la publication est tenu d'insérer, sous peine d'une amende de 100.000 (cent mille) à 2.000.000 (deux millions) F CFA, dans les quarante huit (48) heures de leur réception, les réponses de toute personne désignée dans le service de communications électroniques.

Article 63.- (1) Est puni d'un emprisonnement de un (01) à cinq (05) ans et d'une amende de 40.000 (quarante mille) à 4.000.000 (quatre millions) F CFA, le dirigeant de droit ou de fait d'une personne morale exerçant l'activité définie aux articles 33 et 34 de la présente loi, qui n'a pas conservé les éléments d'information visés aux articles 25 et 29 ci-dessus.

(2) Est passible des mêmes peines, le dirigeant de droit ou de fait d'une personne morale exerçant l'activité définie aux articles 37 et 38 qui ne respecte pas les prescriptions prévues auxdits articles.

Article 64.- (1) Les personnes morales sont pénalement responsables des infractions commises, pour leur compte, par leurs organes dirigeants.

(2) La responsabilité pénale des personnes morales n'exclut pas celle des personnes physiques auteurs ou complices des mêmes faits.

(3) Les peines encourues par les personnes morales sont des amendes de 5.000.000 (cinq millions) à 50.000.000 (cinquante millions) F CFA.

(4) Nonobstant la peine prévue à l'alinéa 3 ci-dessus, l'une des peines accessoires suivantes peut également être prononcée à l'encontre des personnes morales :

- la dissolution lorsqu'il s'agit d'un crime ou d'un délit puni en ce qui concerne les personnes physiques d'une peine d'emprisonnement supérieure ou égale à trois (03) ans et que la personne morale a été détournée de son objet pour servir de support à la commission des faits incriminés ;
- l'interdiction, à titre définitif ou pour une durée de cinq ans au moins, d'exercer directement ou indirectement une ou plusieurs activités professionnelles ou sociales ;
- la fermeture temporaire pour une durée de cinq (05) ans au moins, dans les conditions prévues par l'article 34 du Code Pénal, des établissements ou de l'un ou de plusieurs des établissements de l'entreprise ayant servi à commettre les faits incriminés ;
- l'exclusion des marchés publics à titre définitif ou pour une durée de cinq (05) ans au moins ;
- l'interdiction, à titre définitif ou pour une durée de cinq (05) ans au moins, de faire appel public à l'épargne ;
- l'interdiction, pour une durée de cinq (05) ans au moins, d'émettre des chèques autres que ceux qui permettent le retrait de fonds par le tireur auprès du tiré ou ceux qui sont certifiés ou d'utiliser des cartes de paiement ;
- la confiscation de la chose qui a servi ou était destinée à commettre l'infraction ou de la chose qui en est le produit ;
- la publication ou la diffusion de la décision prononcée soit par la presse écrite, soit par tout moyen de communication au public par voie électronique.

Article 65.- (1) Est puni d'un emprisonnement de cinq (05) à dix (10) ans et d'une amende de 5.000.000 (cinq millions) à 10.000.000 (dix millions) F CFA ou de l'une de ces deux peines seulement, celui qui effectue, sans droit ni autorisation, l'interception par des moyens techniques, de données lors des transmissions ou non, à destination, en provenance ou à l'intérieur ou non d'un réseau de communications électroniques, d'un système d'information ou d'un équipement terminal.

(2) Est puni des peines prévues à l'alinéa 1 ci-dessus, tout accès non autorisé, à l'ensemble ou à une partie d'un réseau de communications électroniques ou d'un système d'information ou d'un équipement terminal.

(3) Les peines prévues à l'alinéa 1 ci-dessus sont doublées, en cas d'accès illicite portant atteinte à l'intégrité, la confidentialité, la disponibilité du réseau de communications électroniques ou du système d'information.

(4) Est puni des mêmes peines prévues à l'alinéa 1 ci-dessus, celui qui, sans droit, permet l'accès dans un réseau de communications électroniques ou dans un système d'information par défi intellectuel.

Article 66.- (1) Est puni d'un emprisonnement de deux (02) à cinq (05) ans et d'une amende de 1.000.000 (un million) à 2.000.000 (deux millions) F CFA ou de l'une de ces deux peines seulement, celui qui entraîne la perturbation ou l'interruption du fonctionnement d'un réseau de communications électroniques ou d'un équipement terminal, en introduisant, transmettant, endommageant, effaçant, détériorant, modifiant, supprimant ou rendant inaccessibles les données.

(2) Sont passibles des mêmes peines prévues à l'alinéa 1 ci-dessus, les personnes qui font usage d'un logiciel trompeur ou indésirable en vue d'effectuer des opérations sur un équipement terminal d'un utilisateur sans en informer au préalable celui-ci de la nature exacte des opérations que ledit logiciel est susceptible d'endommager.

(3) Est puni des mêmes peines prévues à alinéa 1 ci-dessus, celui qui, à l'aide d'un logiciel potentiellement indésirable collecte, tente de collecter ou facilite l'une de ces opérations pour accéder aux informations de l'opérateur ou du fournisseur d'un réseau ou de service électronique afin de commettre des infractions.

Article 67.- Constitue une atteinte à l'intégrité d'un réseau de communications électroniques ou d'un système d'information et punie des peines prévues à l'article 66, alinéa 1 ci-dessus, le fait de provoquer une perturbation grave ou une interruption de fonctionnement d'un réseau de communications électroniques d'un équipement terminal par l'introduction, la transmission, la modification, la suppression, l'altération des données.

Article 68.- (1) Est puni d'un emprisonnement de cinq (05) à dix (10) ans et d'une amende de 10.000.000 (dix millions) à 50.000.000 (cinquante millions) F CFA ou de l'une de ces deux peines seulement, celui qui accède ou se maintient, frauduleusement, dans tout ou partie d'un réseau de communications électroniques ou d'un système d'information en transmettant, endommageant, provoquant une perturbation grave ou une interruption du fonctionnement dudit système ou dudit réseau.

(2) Les peines prévues à l'alinéa 1 ci-dessus sont doublées s'il en est résulté, soit la suppression ou la modification des données contenues dans le système d'information, soit une altération de son fonctionnement.

Article 69.- Est puni d'un emprisonnement de cinq (05) à dix (10) ans et d'une amende de 10.000.000 (dix millions) à 100.000.000 (cent millions) F CFA ou de l'une de ces deux peines seulement, celui qui accède sans droit, et en violation des mesures de sécurité, à l'ensemble ou à une partie d'un réseau de communications électroniques, d'un système d'information ou d'un équipement terminal, afin d'obtenir des informations ou des données, en relation avec un système d'information connecté à un autre système d'information.

Article 70.- Est puni d'une amende de 1.000.000 (un million) à 5.000.000 (cinq millions) F CFA, celui qui provoque par saturation, l'attaque d'une ressource de réseau de communications électroniques ou d'un système d'information dans le but de l'effondrer en empêchant la réalisation des services attendus.

Article 71.- Est puni d'un emprisonnement de deux (02) à cinq (05) ans et d'une amende de 1.000.000 (un million) à 25.000.000 (vingt cinq millions) F CFA, celui qui introduit sans droit, des données dans un système d'information ou dans un réseau de communications électroniques en vue de supprimer ou de modifier les données qui en sont contenues.

Article 72.- Est puni des peines prévues par l'article 66 ci-dessus celui qui, de quelque manière que ce soit, sans droit, introduit, altère, efface, ou supprime, afin d'obtenir un bénéfice économique, les données électroniques, de manière à causer un préjudice patrimonial à autrui.

Article 73.- (1) Est puni d'un emprisonnement deux (02) à dix (10) ans et d'une amende de 25.000.000 (vingt cinq millions) à 50.000.000 (cinquante millions) F CFA, ou de l'une de ces deux peines seulement, celui qui, par la voie d'un système d'information ou dans un réseau de communications contrefait, falsifie une carte de paiement, de crédit, ou de retrait ou fait usage ou tente de faire usage en connaissance de cause, d'une carte de paiement, de crédit ou de retrait contrefaite ou falsifiée.

(2) Est puni des peines prévues à l'alinéa 1 ci-dessus, quiconque, en connaissance de cause, accepte de recevoir par voie de communications électroniques, un règlement au moyen d'une carte de paiement, de crédit ou de retrait contrefaite ou falsifiée.

Article 74.- (1) Est puni d'un emprisonnement de un (01) à deux (02) ans et d'une amende de 1.000.000 (un million) à 5.000.000 (cinq millions) F CFA, quiconque, au moyen d'un procédé quelconque porte atteinte à l'intimité de la vie privée d'autrui en fixant, enregistrant ou transmettant, sans le consentement de leur auteur, les données électroniques ayant un caractère privé ou confidentiel.

(2) Sont passibles des peines prévues à l'alinéa 1 ci-dessus les personnes qui, sans droit, interceptent des données personnelles lors de leur transmission d'un système d'information à un autre ;

(3) Est puni d'un emprisonnement d'un (01) à trois (03) ans et d'une amende de 1.000.000 (un million) à 5.000.000 (cinq millions) F CFA ou de l'une de ces deux peines seulement, quiconque procède ou fait procéder, même par négligence au traitement des données à caractère personnel en violation des formalités préalables à leur mise en œuvre.

(4) Est puni d'un emprisonnement de six (06) mois à deux (02) ans et d'une amende de 1.000.000 (un million) à 5.000.000 (cinq millions) F CFA ou de l'une de ces deux peines seulement, le fait de collecter par des moyens illicites, des données nominatives d'une personne en vue de porter atteinte à son intimité et à sa considération.

(5) Les peines prévues à l'alinéa 4 ci-dessus sont doublées, à l'encontre de celui qui met, fait mettre en ligne, conserve ou fait conserver en mémoire informatisée, sans l'accord exprès de l'intéressé, des données nominatives qui, directement ou indirectement, font apparaître ses origines tribales, ses opinions politiques, religieuses, ses appartenances syndicales ou ses mœurs.

(6) Les peines prévues à l'alinéa 5 ci-dessus, s'appliquent aux personnes qui détournent les informations, notamment, à l'occasion de leur enregistrement, de leur classement, de leur transmission.

(7) Est puni d'un emprisonnement de six (06) mois à deux (02) ans et d'une amende de 5.000.000 (cinq millions) à 50.000.000 (cinquante millions) F CFA, ou de l'une de ces deux peines seulement, celui qui conserve des informations sous une forme nominative ou chiffrée au-delà de la durée légale indiquée dans la demande d'avis ou la déclaration préalable à la mise en œuvre du traitement automatisé.

(8) Est puni des peines prévues à l'alinéa 7 ci-dessus, le fait de divulguer des données nominatives portant atteinte à la considération de la victime.

Article 75.- (1) Est puni d'un emprisonnement de deux (02) à cinq (05) ans et d'une amende de 1.000.000 (un million) à 5.000.000 (cinq millions) F CFA ou de l'une de ces deux peines seulement, celui qui enregistre et diffuse à but lucratif, par la voie de communications électroniques ou d'un système d'information sans le consentement de l'intéressé, des images portant atteinte à l'intégrité corporelle.

(2) Le présent article n'est pas applicable lorsque l'enregistrement et la diffusion résultent de l'exercice normal d'une profession ayant pour objet d'informer le public ou sont réalisés afin de servir de preuve en justice conformément aux dispositions du Code de procédure pénale.

Article 76.- Est puni d'un emprisonnement de cinq (05) à dix (10) ans et d'une amende de 5.000.000 (cinq millions) à 10.000.000 (dix millions) F CFA ou de l'une de ces deux peines seulement, celui qui confectionne, transporte, diffuse, par voie de communications électroniques ou d'un système d'information, un message à caractère pornographique enfantine, ou de nature à porter gravement atteinte à la dignité d'un enfant.

Article 77.- (1) Est puni d'un emprisonnement de deux (02) à cinq (05) ans et d'une amende de 2.000.000 (deux millions) à 5.000.000 (cinq millions) F CFA ou de l'une de ces deux peines seulement, celui qui, par la voie de communications électroniques ou d'un système d'information, commet un outrage à l'encontre d'une race ou d'une religion.

(2) Les peines prévues à l'alinéa 1 ci-dessus sont doublées lorsque l'infraction est commise dans le but de susciter la haine ou le mépris entre les citoyens.

Article 78.- (1) Est puni d'un emprisonnement de six (06) mois à deux (02) ans et d'une amende de 5.000.000 (cinq millions) à 10.000.000 (dix millions) F CFA ou de l'une de ces deux peines seulement, celui qui publie ou propage par voie de communications électroniques ou d'un système d'information, une nouvelle sans pouvoir en rapporter la preuve de véracité ou justifier qu'il avait de bonnes raisons de croire à la vérité de ladite nouvelle.

(2) Les peines prévues à l'alinéa 1 ci-dessus sont doublées lorsque l'infraction est commise dans le but de porter atteinte à la paix publique.

Article 79.- Les peines réprimant les faits d'outrage privé à la pudeur prévus à l'article 295 du Code Pénal, sont un emprisonnement de cinq (05) à dix (10) ans et une amende de 5.000.000 (cinq millions) à 10.000.000 (dix millions) F CFA ou de l'une de ces deux peines seulement, lorsque la victime a été mise en contact avec l'auteur desdits faits, grâce à l'utilisation des communications électroniques ou des systèmes d'information.

Article 80.- (1) Est puni d'un emprisonnement de trois (03) à six (06) ans et d'une amende de 5.000.000 (cinq millions) à 10.000.000 (dix millions) F CFA ou de l'une de ces deux peines seulement, celui qui diffuse, fixe, enregistre ou transmet à titre onéreux ou gratuit l'image présentant les actes de pédophilie sur un mineur par voie de communications électroniques ou d'un système d'information.

(2) Est puni des mêmes peines prévues à l'alinéa 1 ci-dessus, quiconque offre, rend disponible ou diffuse, importe ou exporte, par quelque moyen électronique que ce soit, une image ou une représentation à caractère pédophile.

(3) Est puni d'un emprisonnement de un (01) à cinq (05) ans et d'une amende de 5.000.000 (cinq millions) à 10.000.000 (dix millions) F CFA ou de l'une de ces deux peines seulement, celui qui détient dans un réseau de communications électroniques ou dans un système d'informations, une image ou une représentation à caractère pédophile.

(4) Les peines prévues à l'alinéa 3 ci-dessus sont doublées, lorsqu'il a été utilisé un réseau de communications électroniques pour la diffusion de l'image ou la représentation du mineur à destination du public.

(5) Les dispositions du présent article sont également applicables aux images pornographiques mettant en scène les mineurs.

<u>Article 81</u>.- (1) Sont punis des peines prévues à l'article 82 ci-dessous, les faits ci-dessous, lorsqu'ils sont commis en utilisant un réseau de communications électroniques ou un système d'information :

- **l'offre, la production, la mise à disposition de pornographie enfantine en vue de sa diffusion ;**
- **le fait de se procurer ou de procurer à autrui de la pornographie enfantine par le biais d'un système d'information ;**
- **le fait pour les personnes majeures de faire des propositions sexuelles à des mineurs de moins de quinze (15) ans ou une personne se présentant comme telle ;**
- **la diffusion ou la transmission de pornographie enfantine par le biais d'un système d'information.**

(2) Est considéré comme pornographie enfantine, tout acte présentant de manière visuelle :

- **un mineur se livrant à un comportement sexuellement explicite ;**
- **une personne qui apparaît comme mineur se livrant à un comportement sexuellement explicite ;**
- **des images réalistes présentant un mineur se livrant à un comportement sexuellement explicite.**

<u>Article 82</u>.- Est puni du double des peines prévues à l'article 79 de la présente loi celui qui commet ou tente de commettre par voie de communications électroniques un outrage à la pudeur sur un mineur de moins de quinze (15) ans.

<u>Article 83</u>.- (1) Est puni d'un emprisonnement d'un (01) à deux (02) ans et d'une amende de 500.000 (cinq cent mille) à 1.000.000 (un million) F CFA ou de l'une de ces deux peines seulement, celui qui par voie de communications électroniques, fait des propositions sexuelles à une personne de son sexe.

(2) Les peines prévues à l'alinéa 1 ci-dessus, sont doublées lorsque les propositions ont été suivies de rapports sexuels.

<u>Article 84</u>.- (1) Est puni d'un emprisonnement de six mois (06) à deux (02) ans et d'une amende de 500.000 à 1.000.000 F CFA ou de l'une de ces deux peines seulement, celui qui accède, prend frauduleusement connaissance, retarde l'accès ou supprime les communications électroniques adressées à autrui.

(2) Est puni des mêmes peines prévues à l'alinéa 1 ci-dessus, celui qui intercepte sans autorisation, détourne, utilise ou divulgue les communications électroniques émises, ou reçues par des voies électroniques ou procède à l'installation d'appareils conçus pour réaliser de telles interceptions.

Article 85.- Est punie des peines prévues à l'article 84 ci-dessus, celui qui, chargé d'une mission de service public, agissant dans l'exercice ou à l'occasion de l'exercice de ses fonctions, détourne ou facilite le détournement, la suppression ou l'accès aux communications électroniques ou la révélation du contenu de ces communications.

Article 86.- (1) Est puni des peines prévues l'article 71 ci-dessus, celui qui importe, détient, offre, cède, vend ou met à disposition, sous quelle que forme que ce soit, un programme informatique, un mot de passe, un code d'accès ou toutes données informatiques similaires conçus et ou spécialement adaptés, pour permettre d'accéder, à tout ou partie d'un réseau de communications électroniques ou d'un système d'information.

(2) Est également puni des mêmes peines prévues à l'alinéa 1 ci-dessus, quiconque provoque une perturbation grave ou une interruption d'un réseau de communications électroniques ou d'un système d'information dans l'intention de porter atteinte à l'intégrité des données.

Article 87.- Les auteurs de l'une des infractions prévues à l'article 86 ci-dessus encourent également les peines complémentaires suivantes :

- **la confiscation selon les modalités prévues par l'article 35 du Code Pénal, de tout objet ayant servi ou destiné à commettre l'infraction ou considéré comme en étant le produit, à l'exception des objets susceptibles de restitution ;**
- **l'interdiction dans les conditions prévues par l'article 36 du Code Pénal, pour une durée de cinq (05) ans au moins, d'exercer une fonction publique ou une activité socioprofessionnelle, lorsque les faits ont été commis dans l'exercice ou à l'occasion de l'exercice des fonctions ;**
- **la fermeture, dans les conditions prévues par l'article 34 du Code Pénal pour une durée de cinq (05) ans au moins, des établissements ou de l'un ou de plusieurs des établissements de l'entreprise ayant servi à commettre les faits incriminés ;**
- **l'exclusion, pour une durée de cinq (05) ans au moins, des marchés publics.**

Article 88.- 1) Est puni d'un emprisonnement de (01) à cinq (05) ans et d'une amende de 100.000 (cent mille) à 1.000.000 (un million) F CFA ou de l'une de ces deux peines seulement, celui qui, ayant connaissance de la convention secrète de déchiffrement, d'un moyen de cryptographie susceptible d'avoir été utilisé pour préparer, faciliter ou commettre un crime ou un délit, refuse de remettre ladite convention aux autorités judiciaires ou de la mettre en œuvre, sur les réquisitions de ces autorités.

(2) Si le refus est opposé alors que la remise ou la mise en œuvre de la convention aurait permis d'éviter la commission d'un crime ou d'un délit ou d'en limiter les effets, les peines prévues à l'alinéa 1 ci-dessus, sont portées de trois (03) à cinq (05) ans d'emprisonnement et l'amende de 1.000.000 (un million) à 5.000.000 (cinq millions) F CFA.

Article 89.- Le sursis ne peut être accordé pour les infractions prévues dans la présente loi.

TITRE IV
DE LA COOPERATION ET DE L'ENTRAIDE JUDICIAIRE INTERNATIONALES

CHAPITRE I
DE LA COOPERATION INTERNATIONALE

Article 90.- (1) Dans le cadre de l'exercice de leurs activités, les autorités de certification camerounaises peuvent, sous le contrôle de l'Agence, établir des conventions, avec les autorités de certification étrangères.

(2) Les modalités d'établissement des conventions prévues à l'alinéa 1 ci-dessus sont déterminées par voie règlementaire.

CHAPITRE II
DE L'ENTRAIDE JUDICIAIRE INTERNATIONALE

Article 91.- (1) A moins qu'une convention internationale à laquelle le Cameroun est partie n'en dispose autrement, les demandes d'entraide émanant des autorités judiciaires camerounaises et destinées aux autorités judiciaires étrangères sont transmises par l'intermédiaire du Ministère chargé des Relations Extérieures. Les pièces d'exécution sont renvoyées aux autorités de l'Etat requérant par la même voie.

(2) Les demandes d'entraide émanant des autorités judiciaires étrangères et destinées aux autorités judiciaires camerounaises doivent être présentées par la voie diplomatique par le Gouvernement étranger intéressé. Les pièces d'exécution sont renvoyées aux autorités de l'Etat requérant par la même voie.

(3) En cas d'urgence, les demandes d'entraide demandées par les autorités camerounaises ou étrangères peuvent être transmises directement aux autorités de l'Etat requis pour leur exécution. Le renvoi des pièces d'exécution aux autorités compétentes de l'Etat requérant est effectué selon les mêmes modalités.

(4) Sous réserve des conventions internationales, les demandes d'entraide émanant des autorités judiciaires étrangères et destinées aux autorités judiciaires camerounaises doivent faire l'objet d'un avis de la part du gouvernement étranger intéressé. Cet avis est transmis aux autorités judiciaires compétentes par voie diplomatique.

(5) En cas d'urgence, les demandes d'entraide émanant des autorités judiciaires étrangères sont transmises au Procureur de la République ou au Juge d'Instruction territorialement compétent.

(6) Si le Procureur de la République reçoit directement d'une autorité étrangère, une demande d'entraide qui ne peut être exécutée que par le Juge d'Instruction, il la transmet pour exécution à ce dernier ou saisit le Procureur Général dans le cas prévu à l'article 94 de la présente loi.

(7) Avant de procéder à l'exécution d'une demande d'entraide dont il a été directement saisi, le Juge d'Instruction la communique immédiatement pour avis au Procureur de la République.

Article 92.- (1) Les demandes d'entraide émanant des autorités judiciaires étrangères sont exécutées par le Procureur de la République ou par les officiers ou agents de Police Judiciaire requis à cette fin par ce magistrat.

(2) Elles sont exécutées par le Juge d'Instruction ou par des officiers de Police Judiciaire agissant sur commission rogatoire de ce magistrat lorsqu'elles nécessitent certains actes de procédure qui ne peuvent être ordonnés ou exécutés qu'au cours d'une instruction préparatoire.

Article 93.- (1) Les demandes d'entraide émanant des autorités judiciaires étrangères sont exécutées selon les règles de procédure prévues par le Code de Procédure Pénale.

(2) Toutefois, si la demande d'entraide le précise, elle est exécutée selon les règles de procédure expressément indiquées par les autorités compétentes de l'Etat requérant, sans que ces règles ne réduisent les droits des parties ou les garanties procédurales prévues par le Code de Procédure Pénale.

(3) Lorsque la demande d'entraide ne peut être exécutée conformément aux exigences de l'Etat requérant, les autorités compétentes camerounaises en informent sans délai les autorités de l'Etat requérant et indiquent dans quelles conditions la demande pourrait être exécutée.

(4) Les autorités camerounaises compétentes et celles de l'Etat requérant peuvent ultérieurement s'accorder sur la suite à réserver à la demande, le cas échéant, en la subordonnant au respect desdites conditions.

(5) L'irrégularité de la transmission de la demande d'entraide ne peut constituer une cause de nullité des actes accomplis en exécution de cette demande.

Article 94.- (1) Si l'exécution d'une demande d'entraide émanant d'une autorité judiciaire étrangère est de nature à porter atteinte à l'ordre public ou aux intérêts essentiels de la Nation, le Procureur de la République saisi ou avisé de cette demande, la transmet au Procureur Général qui en saisit le Ministre chargé de la Justice et donne, le cas échéant, avis de cette transmission au Procureur de la République.

(2) S'il est saisi, le Ministre chargé de la Justice informe l'autorité requérante, le cas échéant, de ce qu'il ne peut être donné suite, totalement ou partiellement, à sa demande. Cette information est notifiée à l'autorité judiciaire concernée et fait obstacle à l'exécution de la demande d'entraide ou au retour des pièces d'exécution.

TITRE V
DISPOSITIONS TRANSITOIRES ET FINALES

Article 95.- Des textes d'application fixent, en tant que de besoin, les modalités d'application de la présente loi.

Article 96.- Les autorisations et les déclarations de fourniture, d'importation et d'exportation de moyens de cryptographie délivrées par les autorités compétentes demeurent valables jusqu'à l'expiration du délai prévu par celles-ci.

Article 97.- La présente loi sera enregistrée et publiée suivant la procédure d'urgence, puis insérée au Journal Officiel en français et en anglais./-

YAOUNDE, LE

LE PRESIDENT DE LA REPUBLIQUE,

PAUL BIYA

ANNEXE N°2 :

État de la lutte contre la cybercriminalité en Afrique

Questions (✓ Oui / ✗ Non)	Algérie	Cameroun	Côte d'ivoire	Egypte	Libye	Maroc	Somalie
Cadre juridique							
Le pays est-il signataire à la Convention de Budapest ?	✗	✗	✗	✗	✗	✗	✗
Exite -t-il des lois nationales spécifiques à la cybercriminalité ?	✓	✓	✓	✗	✗	✗	✗
Existe-t-il des dispositions dans le Code pénal ?	✓	✗	✗	✓	✓	✓	✗
Existe-t-il des dispositions dans le Code de procédure pénale ?	✗	✓	✓	✓	✓	✓	✗
Cyber incrimination							
L'incrimnation accès illégal existe-t-elle dans législation du pays ?	✓	✓	✓	✗	✓	✓	✗
L'incrimination interception illégale existe-t-elle dans la législation ?	✗	✓	✓	✗	✓	✗	✗
L'incrimination atteinte intégrité données existe-t-elle dans la législation du pays ?	✓	✓	✓	✗	✗	✓	✗
L'incrimination atteinte intégrité système existe-t-elle dans la législation du pays ?	✓	✓	✓	✗	✗	✓	✗
L'incrimination abus de dispositif existe-t-elle dans la législation du pays ?	✓	✗	✓	✗	✓	✓	✗
L'incrimination falsification informatique existe-t-elle dans la législation du pays ?	✓	✓	✓	✗	✓	✓	✗
L'incrimination fraude informatique existe-t-elle dans la législation du pays ?	✓	✗	✓	✗	✓	✓	✗
Des incriminations relatives à la pornorgraphie infantine existe-t-elle dans la législation du pays ?	✓	✓	✓	✓	✓	✓	✗
Des incrimination relatives à la propriété intellectuelle et aux droits connexes existent-elles dans la législation du pays ?	✓	✓	✓	✓	✓	✓	✓
Des autres cyber incriminations hors Convention de Budapest existent-elles dans la législation du pays ?	✗	✗	✓	✗	✗	✗	✗
Moyens de procédure							
Des moyens de procédure relatifs à la conservation données existent-ils dans la législation du pays ?	✓	✓	✓	✗	✗	✗	✗
Des moyens de procédure relatifs à l'injonction de produire existent-ils dans la législation du pays ?	✓	✗	✓	✗	✗	✗	✗
Des moyens de procédure relatifs à la perquisition et à la saisie existent-ils dans la législation du pays ?	✓	✓	✓	✓	✓	✓	✗
Des moyens de procédure relatifs à l'interception données existent-ils dans la législation du pays ?	✓	✓	✓	✗	✓	✗	✗
Des moyens de procédure relatifs aux écoutes téléphoniques existent-ils dans la législation du pays?	✓	✓	✗	✗	✓	✓	✗
Des moyens de procédure relatifs à la géolocalisation existent-ils dans la législation du pays ?	✓	✗	✗	✗	✗	✗	✗

Questions (✓ Oui ✗ Non)	Algérie	Cameroun	Côte d'ivoire	Egypte	Libye	Maroc	Somalie
Forces judiciaires							
Existe-t-il des organisations liées à la cybercriminalité, cyberdéfense ou cybersécurité dans le pays ?	✓	✓	✓	✗	✗	✗	✗
Existe-t-il une cellule cybercriminalité dans le pays ?	✓	✗	✗	✗	✗	✗	✗
Existe-il- des Magistrats spécialisés dans le domaine de la cybercriminalité dans le pays ?	✓	✗	✗	✗	✗	✗	✗
Coopération internationale							
Des dispositions relatives à l'entraide existent-elles dans la législation du pays ?	✓	✓	✗	✓	✗	✗	✗
Des dispositions relatives à l'extradition existent-elles dans la législation du pays ?	✓	✗	✓	✓	✗	✓	✗
Le pays appartient-il à des organisations relatives à la coopération internationale?	✓	✓	✓	✓	✓	✓	✓
Le pays a-t-il signé des accords bilatéraux ou régionaux ou internationaux relatif à l'entraide en matière pénale ou à l'extradition ?	✓	✓	✓	✓	✓	✓	✓
Existe-t-il des points de contact 24/7 dans le pays ?	✗	✗	✗	✗	✗	✗	✗
Stratégie nationale							
Existe-t-il une stratégie cybersécurité dans le pays ?	✗	✗	✗	✗	✗	✗	✗
Existe-t-il une stratégie cybercriminalité dans le pays ?	✗	✗	✗	✗	✗	✗	✗
Existe-t-il une stratégie nationale cyberdéfense dans le pays ?	✗	✗	✗	✗	✗	✗	✗
Existe-t-il une autorité nationale dans le pays ?	✓	✗	✗	✗	✗	✗	✗
Existe-t-il des CERTS dans le pays ?	✓	✓	✓	✓	✓	✓	✗
Existe-t-il des FASG dans le pays ?	✓	✗	✗	✗	✗	✗	✗

Plusieurs pays du continent africain, parmi lesquels le Cameroun, ont été sélectionnés afin de présenter l'état du droit sur le cadre juridique du pays, les moyens procéduraux, les forces judiciaires, la coopération internationale, la stratégie nationale, le partenariat du pays et la une du pays en matière de cybercriminalité.

Source : livre Blanc 2018 *« cybersécurité, cyberdéfense et cybercriminalité »,* 2018, pp. 28-29.

ANNEXE N°3 :

Quelques décisions de justice en rapport avec la cybercriminalité

REPUBLIQUE DU CAMEROUN
Paix – Travail – Patrie

COUR D'APPEL DU LITTORAL

Tribunal de Première Instance
de Douala- Bonanjo

PARQUET

REPUBLIC OF CAMEROON
Peace – Work – Fatherland

COURT OF APPEAL OF LITTORAL

Court of First Instance of
Douala-Bonanjo

LEGAL DEPARTMENT

ETAT DES AFFAIRES RELATIVES AUX ACTES CRIMINELS COMMIS A TRAVERS LES RESEAUX SOCIAUX POUR LE COMPTE DU 2e SEMESTRE 2022

N°	Noms des parties	Situation carcérale	Nature du délit	Date de la 1ère audience	Etat de l'affaire	Observations
1.	ETO'O Fils Samuel C/ -Alliance NSANGOU -POUNTOUGNIGNI	MDP du 01.08.22	Escroquerie en coaction, usurpation de titre, cybercriminalité	02.08.2022	**Jugé le 20.09.2022 :** Contradictoirement ; coupable ; CA-Aveux et bonne tenue devant la barre ; 01 an d'emprisonnement avec sursis pendant 03 ans et 100.000 FCFA d'amende chacun ; dépens : 49.350 FCFA	
2.	Cia Assurance ACTIVA Vie C/ MBONDO Alex	MDP du 25.08.2022	Vol, tentative de vol, intrusion dans les données électroniques	26.08.2022	**Jugé le 30.09.2022 :** contradictoirement ; coupable ; CA-DP ; 01 mois d'emprisonnement ferme ; dépens ; 38.750 FCFA.	MVE
3.	BAYEMI SANGO Malicka C/ -ETEKI Wilfried OTABELA -MIMB HIOL Martin Fleur	MDP	Atteinte à l'intimité de la vie d'autrui par voie électronique et publications	16.07.2021	**Jugé le 03.03.2022 :** Déclare les prévenus non coupables de proxénétisme, d'assimilation aux violences t complicité ; Déclare MIMBI HIOL non	

					coupable de diffamation et de fausses nouvelles ; Déclare en revanche ETEKI Wilfried coupable de publications obscènes et atteinte à l'intimité de la vie privée par voie électronique ; déclare MIMB HIOL Camus coupable de complicité desdits faits ; Condamne ETEKI Wilfried à 01 an d'emprisonnement ferme et à 1.000.000 FCFA d'amende ; Condamne MIMB HIOL à 04 mois d'emprisonnement ferme et à 500.000 FCFA d'amende ; dépens solidaires: 1.093.400 FCFA ; D.I : 20.300.000 FCFA ; mandats d'incarcération.	
4.	NGO NTOMB C/ LAMBERT Patrick Dominique, NGO NTOMB NGOUNI Marie	Libre	Atteinte à l'intimité de la vie d'autrui par voie électronique	13.01.2021	**Jugé le 23.02.2022 :** contradictoirement ; Déclare NGO NTOMB non coupable ; déclare en revanche LAMBERT Patrick coupable ; le condamne à 12 mois d'emprisonnement ferme et à 1.000.000 FCFA d'amende ; dépens : 5.092.200 FCFA ; MA et MI ; D.I : 101.000.000 FCFA ;	

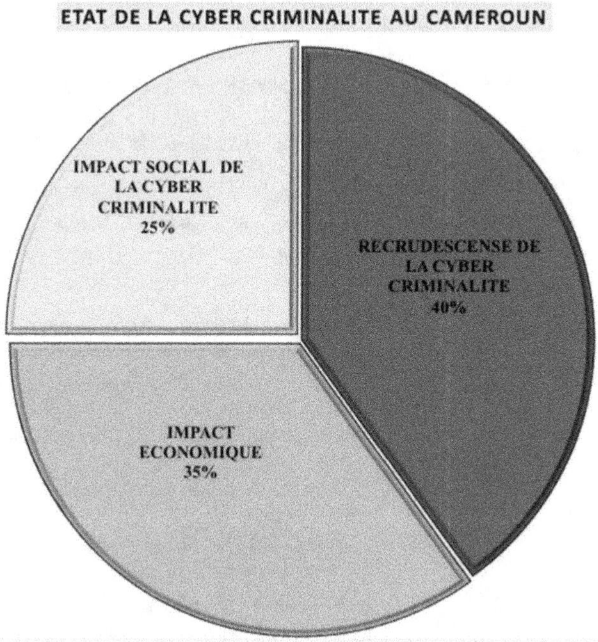
ETAT DE LA CYBER CRIMINALITE AU CAMEROUN
IMPACT SOCIAL DE LA CYBER CRIMINALITE 25%
RECRUDESCENSE DE LA CYBER CRIMINALITE 40%
IMPACT ECONOMIQUE 35%

COUR D'APPEL DU LITTORAL

TRIBUNAL DE PREMIERE INSTANCE

DE DOUALA-BONANJO

SECTION CORRECTIONNELLE

JUGEMENT N°2409/FD/COR

DU 20 Septembre 2022

AFFAIRE

MINISTERE PUBLIC

ET

NGANDA Agnès,

BEYENE Aristide

CONTRE

POUNTOUGNIGNI MOUANJI Samuel, ALLIANCE NSANGOU Marius.

NATURE DES DELITS

Escroquerie en coaction, usurpation d'identité et cybercriminalité

DECISION DU TRIBUNAL

(Voir dispositif)

REPUBLIQUE DU CAMEROUN

Paix-Travail-Patrie

AU NOM DU PEUPLE CAMEROUNAIS

DOSSIER N°1696-C 22 du 1er Août 2022

AUDIENCE DU 20 SEPTEMBRE 2022

--- A l'audience publique du Tribunal de Première Instance de Douala-Bonanjo, siégeant en la salle des audiences de ladite ville le vingt Septembre l'an deux mil vingt deux, tenue pour les affaires correctionnelles par:

--- Monsieur **MEDJOW ANGOA Casimir**, Juge au Tribunal de Première Instance de Douala-Bonanjo, ... Président ;

---En présence de **Mme NYAKE Hortense EBOA**, Substitut du Procureur de la République occupant le banc du Ministère Public ;

--- Et de Maître **TCHAMI NGATHE Haristourné Grâce**, Greffier audiencier ;

--- A été rendu le jugement ci-après :

ENTRE

--- **Monsieur le Procureur de la République exerçant l'action publique,** dame **NGANDA Agnès épouse THIRY** et sieur **BEYENE Aristide Victor** .... *d'une part* ;

CONTRE

--- **POUNTOUGNIGNI MOUANJI Samuel**, né le 13 Mai 2003 à NJISSAMTOUEM, fils de PND et de MONDIYINJI Valérie, Docker, domicilié à Douala Makepé, Marié, sans enfant;

---**ALLIANCE NSANGOU Marius**, né le 03 Février 1989 à NJISSE, fils de PND et de NGOUOT Francesca, vendeur, domicilié à Douala-Makepé, Marié, sans enfant ; tous de nationalité Camerounaise.............................*d'autre part* ;

1

---L'affaire régulièrement inscrite au rôle a été appelée à l'audience du **02 Août 2022** au cours de laquelle le Président a fait donner lecture de la prévention par le Greffier audiencier ;

---Les prévenus ont comparu ;

---Le Ministère public a exposé les faits de la cause et requis la condamnation des prévenus aux peines de droit ;

---Le Président a tenu note de tout ;

---Sur quoi le Tribunal, après avoir délibéré conformément à la loi, a rendu le jugement dont la teneur suit :

............................**LE TRIBUNAL**............................

---Vu les pièces du dossier de la procédure ;

---Vu la loi n°2006/015 du 29 Décembre 2006 portant organisation judiciaire modifiée et complétée en certaines de ses dispositions par la loi n°2011/027 du 14 Décembre 2011 ;

---Vu les autres lois et règlements applicables ;

---Et après en avoir délibéré conformément à la loi ;

---Attendu que suivant procès-verbaux d'interrogatoire au parquet en cas de flagrant délit du 1er Août 2022 de Monsieur le Procureur de la République près le Tribunal de Première Instance de Douala-Bonanjo, les prévenus susnommés ont été traduits au banc de la correction pour répondre de la prévention d'avoir à Douala, ressort judiciaire dudit, courant 2022, en tout cas dans le temps légal des poursuites, ensemble et de concert, porté atteinte à la fortune de dame NGANDA Agnès épouse THIRY par escroquerie en la déterminant fallacieusement par des manœuvres à leur envoyer une somme de 8000 Euros, soit 5.240.000Fcfa en se faisant passer pour sieur Samuel ETO'O Fils, le Président de la Fédération Camerounaise de Football;

---D'avoir déterminé sieur BEYENE Aristide Victor à leur envoyer une somme totale de 25.000 Euros, soit 16.375.000Fcfa en se présentant tour à tour comme étant Théodore NGUEMA OBIANG MANGUE, vice-président de

2

la Guinée Equatoriale, ABBAS MAHAMAT TOLI Gouverneur de la BEAC, en prétextant que cet argent devait les aider dans la réalisation de leurs projets ;

---Et d'avoir créé de faux profils Face book, Tiktok sous l'identité de Samuel ETO'O Fils, président de la FECAFOOT et de plusieurs personnalités dans le but d'arnaquer des sommes d'argent aux abonnés ;

---Faits prévus et réprimés par les articles 74, 96 et 318 alinéa 1 (c) du code pénal ; 1er et 5 de la loi n°90/042 du 19 Décembre 1990 instituant la carte nationale d'identité ;

---Attendu qu'il échet de statuer contradictoirement à l'égard des prévenus traduits par voie de flagrant délit à l'audience du Tribunal de céans ;

---Attendu que l'accusation expose que le footballeur ETO'O Fils Samuel avait déposé une plainte à la Division Régionale de la Police Judiciaire du Littoral contre certaines personnes au mobile que son identité avait été usurpée dans les réseaux sociaux pour arnaquer des victimes ; qu'ainsi de passage à Paris, il a été abordé par dame NGANDA Agnès qui dit lui avoir expédié 8000Euros, laquelle somme a été effectivement perçue ; qu'une enquête ouverte a permis l'interpellation des prévenus;

---Qu'en outre, il a été produit aux débats et reçu comme élément à conviction, le procès-verbal d'enquête préliminaire menée par les services des enquêtes économiques et financières;

---Attendu que le Tribunal de céans a estimé les preuves suffisamment réunies contre les prévenus qu'il a invité à se défendre ;

---Qu'appelés conséquemment aux débats, iceux ont laconiquement corroboré la version précédente des faits du Ministère Public ;

---Attendu dès lors que l'aveu des prévenus emporte conviction quant à la pertinence des griefs émis à leur encontre ;

---Qu'il échet de les déclarer coupables d'escroquerie et d'entrer en voie de condamnation contre eux conformément à la loi ;

---Attendu cependant que par leur attitude observée devant la barre de ce Tribunal, les prévenus n'ont guère voulu porter une entorse au cours de la justice ;

---Qu'il échet de les admettre au bénéfice des circonstances atténuantes ;

---Attendu que les victimes n'ont pas comparu pour se constituer parties civiles ;

---Qu'il y a lieu de réserver leurs intérêts civils ;

---Attendu enfin que les dépens sont laissés à la charge des prévenus qui ont succombé ;

-------------------------**PAR CES MOTIFS**-------------------------

---Statuant publiquement, contradictoirement à l'égard des prévenus en matière correctionnelle et en premier ressort ; après en avoir délibéré;

---Déclare les prévenus coupables d'escroquerie et cybercriminalité en coaction (*confère article 74, 96 et 318 alinéa 1(c) du code pénal ; ensemble l'article 72 de la loi n°2010/012 du 21 Décembre 2010 relative à la cybercriminalité et la cybersécurité au Cameroun*) ;

---Les admet au bénéfice des circonstances atténuantes en raison de leur aveu facile, leur bonne tenue devant la barre et en leur qualité de délinquants primaires;

---En répression, les condamne à un (01) an d'emprisonnement et à **100.000Fcfa** d'amende chacun ;

---Dit cependant qu'il sera sursis à la peine privative de liberté pour une durée de 03 ans ;

---Le condamne en outre aux dépens liquidés à **49.350Fcfa** ;

---Avise les condamnés qu'ils sont astreints au paiement des amende et dépens, faute de quoi ils seront contraints par corps conformément à la loi ;

---Décerne mandats d'incarcération à leur encontre à cette fin ;

Enregistrement :	.........20.000F
Enrôlement :	...............8.000F
Expédition :	................5.000F
Citation:	...................15.700F
B1 B2 :	........................650F
Total:	**49.350F**

---Réserve les intérêts civils des victimes ;

---Avise les parties du délai des voies de recours de 10 jours ;

--- Ainsi fait, jugé et prononcé en audience publique de céans les mêmes jour, mois et an que dessus ;

---En foi de quoi, le présent jugement a été signé par le Président et le Greffier audiencier approuvant____lignes_____mots rayés nuls et renvois en marge utiles./-

LE PRESIDENT **LE GREFFIER**

BIBLIOGRAPHIE

I- OUVRAGES

A- OUVRAGES GÉNÉRAUX

ASCENSIO (H.), DECAUX (E.) et PELLET (A.), *Droit international pénal*, Paris, Éditions A. Pedone, 2012.

BERGEL (J-L.), *Théorie générale du droit*, Paris, Dalloz, 1989.

BERGER (P) et LUCKMANN (T), *la construction sociale de la réalité*, Paris, MERIDIENS KLINCKSIECK, 1986

Carbonnier (J), *Sociologie juridiqu*e, édition A. Colin, 1972.

DURKHEIM (E), *Le suicide*, Paris, PUF, 1930.

HOBBES (T), Le *Léviathan*: *Traité de la matière, de la forme et du pouvoir de la république ecclésiastique et civil*e, London, 1651.

JIANGYUAN, *Théorie du droit public*, France, Harmattan, 2010.

KAMTO (M.), *Droit et pouvoir en Afrique : Essai sur les fondements du constitutionnalisme dans les États d'Afrique noire francophone*, LGDJ, 1987.

MERLE (R) et VITU (A), *Traité de droit criminel. Problèmes généraux de la science criminelle. Droit pénal général*, Paris, Cujas, n°51.

NLEP (R-G.), *L'administration publique camerounaise, contribution à l'étude des systèmes africains d'administration publique*, Paris, LGDJ, 1986.

WEBER (M), *Économie et société*, 1921.

B- OUVRAGES SPÉCIALISÉS

BAUDIN (L.), Les cyber-attaques dans les conflits armés, qualification juridique, imputabilité et moyens de réponse envisagés en droit international humanitaire, Paris, Éditions L'Harmattan, 2014, 252 p.

DEVEZE (J), Le vol des biens informatiques, éd. JCP, 1986.

FOREST (D) & KAUFMAN (G.), Droit de l'informatique, Paris, éditions Gualino-Lextenso, 2010, 112 p.

GASSIN (R), le droit pénal de l'informatique, Recueil DALLOZ, 1986.

KUATE GNOWA (E. D), Les problèmes juridiques contrariant à la répression internationale de la cybercriminalité, limites à l'efficacité de la lutte, Éditions universitaires européennes, 2020, 209 p.

TEPI (S), La Cybercriminalité au Cameroun : enjeux d'une législation en quête d'efficacité, L'Harmattan, 2020.

LARRIEUX (J.), Droit de l'Internet, Paris, Ellipses Marketing, 2010, 120 p.

MARTIN (D) et MARTIN (F-P), Cybercrime : menaces, vulnérabilités et ripostes, Paris, Presses universitaires de France (PUF), 2001, 290 p.

PAULIN (C), Droit pénal spécial, Paris, Armand Colin, 2002,

PRADEL (J.) & DALLEST (J.), La criminalité organisée en droit français, Droit international et Droit Comparé, Paris, Éditions Lexis Nexis, 2012.,468 p.

QUEMENER (M.) & CHARPENEL (Y.), Cybercriminalité : droit pénal appliqué, Éditions Economica, 2010, 272 p.

ROSE (P), La Criminalité informatique, Paris, Collection Que-sais-je ? PUF, 1987,

SPEREUTELS (J-P), La Responsabilité pénale découlant des atteintes aux applications de l'informatique, in informatique et droit en Europe (Bruxelles, Université libre de Bruxelles), 1995, 277 p.

TOURE (P-A.), Le traitement de la cybercriminalité devant le juge : L'exemple du Sénégal, Éditions L'Harmattan, mars 2014, 618 p.

VITU (A.), Le principe de la légalité criminelle et la nécessité de textes clairs et précis, Observations sous Cass.crim. 1990, 555 p.

WAUTELET(M.), Les cyber conflits, Internet, autoroutes de l'information et cyberespace: Quelles menaces? , Bruxelles, Éditions Complexe, GRIP, 1998, 102 p.

C- OUVRAGES DE MÉTHODOLOGIE

ANGERS (M.), *Initiation pratique à la méthodologie des sciences humaines*, Montréal, Centre éducatif et culturel Inc., 1992, 353 p.

BEAUD (M), *l'art de la thèse*, Paris, La Découverte, 2006, 202 p.

LAUBERT DEL BAYLE (J-L), *Initiation aux méthodes de recherche en sciences sociales*, Paris, L'Harmattan, 2000, 120 p.

N'DA (P), *Initiation aux méthodes de recherche, aux méthodes critiques d'analyse des textes, et aux méthodes de rédaction en lettres, littératures et sciences humaines et sociales*, Saint-Denis, Publibook, 2016, 108 p.

ONDOA (M), *Méthodologie de la recherche juridique*, Université de Yaoundé II, inédit.

II- DICTIONNAIRES ET LEXIQUES

CAPITANT (H), *Vocabulaire juridique*, Association Henry Capitant, Collection Quadrige, 14e édition, 2022, 1136 p.

GATSI (J), *Nouveau dictionnaire juridique*, Douala, Presses Universitaire libres, 2010, 216 p.

Grand dictionnaire terminologique de l'OQLF [archive],

GUINCHARD (S.), DEBARD (T.), *Lexique des termes juridiques*, Paris, Dalloz, 2017-2018, 2158 p.

Nouveau dictionnaire étymologique et historique, Paris, France Loisirs, 1980, 805 p.

III- ARTICLES DE REVUES, ACTES, CONTRIBUTION DANS UN OUVRAGE COLLECTIF ET RAPPORTS

BIKIE (F.R), « Le droit pénal à l'aune du paradigme de l'ennemi », *La Revue des droits de l'homme* [En ligne], 11 | 2017.

PRADEL (J), « La modification du droit sous l'influence de l'informatique : Aspects de Droit Privé », éd. JCP, 1983, I N°3059.

ANGOULVENT (A-L.), « Description de l'état de nature dans le « Léviathan » », dans : *Hobbes ou la crise de l'État baroque.* Sous la direction d'ANGOULVENT Anne-Laure, Paris cedex 14, Presses universitaires de France, 1992, pp. 42-80.

AUROY (A) et « al. », « Systèmes de géolocalisation », NSA Lyon Département Telecom Services & Usages.

Bi-hebdomadaire l'*Essentiel* n° 149 du lundi 02 avril 2018, pp. 4.

Bi-hebdomadaire *Repères* n° 630 du 02 avril 2018, pp. 14- 18 et Défis actuels n° 292 du lundi 02 avril 2018, pp. 2 et 3.

BITTON (A.) et BEGHIN (J.), « le harcèlement sur Internet : définitions et sanctions », le village de la justice, 15 juin 2020,

BRETON (T), « Chantier sur la lutte contre la cybercriminalité », Rapport, juin 2004, 12 p.

CEDH, 2 septembre 2010, Uzun c. Allemagne, requête n°35623/05.

DELMAS – MARTY (M), « Modèles et mouvements de politique criminelles », Paris, Economica, 1983, 13 p.

LOCHAK (D), *Le Droit à l'épreuve des bonnes Mœurs*

DELMAS-MARTY (M), « Modèles et mouvements de politique criminelle », Revue de sociologie, Paris, *1984*.

DOSSA (E-C), « Le traitement judiciaire du blanchiment de capitaux et du financement du terrorisme en République du Bénin », *KAS African Law Study Library, Librairie africaine d'Études juridiques* vol. 4, 2017, pp.332-381

FRANCILLON (J.), *Cybercriminalité aspects de droit pénal international*, Rapport au nom de l'Association internationale de Droit pénal, XIXe Congrès international de Droit pénal, 2013, 37 p.

FRANSSEN (V) et. TOSZA (S), « Vers plus de droits pour le justiciable sur Internet ? Un nouveau cadre légal pour lutter contre la criminalité dans la société de l'information », *in Les droits des justiciables face à la justice pénale,*

FRECON (G), *Formuler une problématique*, Paris, 2006, pp.23-69

GOUTAL (J-L), « La protection pénale des logiciels, Expertises », n°80, 1986,

JEHEL (S), « Les adolescents face aux violences numériques », *Terminal* [En ligne], 123 | 2018, mis en ligne le 31 décembre 2018, consulté le 22 novembre 2022. URL : http://journals.openedition.org/terminal/3226 ;

MOLURI (F), « La notion de cybersurveillance », [en ligne], URL : (consulté le 1er décembre 2022).

NGO MANG NSIN (L.), « Lutte contre la Cybercriminalité : Le combat se poursuit en chanson », [en ligne], URL : (consulté le 04 décembre 2022).

PEREIRA (B), « La lutte contre la cybercriminalité : de l'abondance de la norme à sa perfectibilité », *Revue internationale de droit économique,* 2016, pp. 387-409.

PEREIRA (B), « La responsabilité pénale des entreprises et de leurs dirigeants », *EMS*, 2011, 17 p.

Quotidien *Cameroun Tribune* n° 11568/7767 du 02 avril 2018, pp.2-3.

Rapport SafeNet 2014

VERGÈS (E), « La géolocalisation : une preuve pénale licite au regard de l'article 8 de la Convention EDH ? Analyse comparée des positions adoptées par la Cour de cassation et la Cour EDH (Cass. crim. 22 nov. 2011 ; CEDH, 2 sept. 2010, n° 35623/05, *Uzun c/ Allemagne*) », RDLF 2012, chron. n°04 ; voir l'adresse : http://www.revuedlf.com/droit-penal/preuve-penale-la-geolocalisation-face-a-l%E2%80%99article-8-de-la-cedh/.

VERMELE (G), « L'immatériel et la répression », in *l'immatériel et le droit*,

YAWAGA (S.), « Réflexions sur la constitutionnalisation de certains aspects du droit pénal camerounais de fond », *R.S.C*, 2001, 35 p.

IV- THÈSES ET MÉMOIRES

A- THÈSES

AKOUA (A), *La fonction administrative contentieuse en Côte d'Ivoire*, Thèse de Doctorat, Université Jean Moulin Lyon III, septembre 2011,

AMBEU AKOUA (V-P.), *La fonction administrative contentieuse en Côte d'Ivoire*, Thèse de Doctorat de Droit public, Université Jean Moulin Lyon III, septembre 2011,

AUDE PLATEAUX, *Solutions opérationnelles d'une transaction électronique sécurisée et respectueuse de la vie privée,* Thèse de Doctorat, Université de Caen Basse-Normandie. Cf. https://tel.archives-ouvertes.fr/tel-01009349/document.

KOUAHOU (Y.L.), *La mise en œuvre de la société de l'information au Cameroun : enjeux et perspectives au regard de l'évolution française et européenne*, Thèse de doctorat, Université de Montpellier I, 07 décembre 2010,

LEBERT (M-F), *De l'imprimé à l'Internet*, Thèse de Doctorat, Paris, éditions Minuit, 1999,

MMAN (R.), *La politique criminelle camerounaise applicable à la cybercriminalité*, Thèse de Doctorat de droit public, Université de Ngaoundéré, 2020,

SEUNA (C.), *L'Informatique et la nouvelle loi camerounaise sur le droit d'auteur et les droits voisins*, Thèse de doctorat, Université de Yaoundé II, 2005,

V- MÉMOIRES

BABONG TCHABRA (H.), L'Internet et les droits de la personnalité, Mémoire de Master II Recherche, Université de Ngaoundéré, 2009-2010,

CINING (H.), Le contrat électronique en droit positif camerounais, Mémoire de Master II Recherche, Université de Ngaoundéré, 2013-2014,

FAVA MEBA II (F.), La répression des infractions en matière de cybercriminalité, Mémoire de Master II Recherche, Université de Ngaoundéré, 2010-2011,

MIWUH (G.F.), L'entraide judiciaire internationale en matière de cybercriminalité, Mémoire de Master II Recherche, Université de Ngaoundéré, 2010-2011,

VI- INSTRUMENTS JURIDIQUES

A- INSTRUMENTS JURIDIQUES NATIONAUX

Loi n° 2016/007 du 12 juillet 2016 portant Code pénal camerounais

Loi de 2010/013 du 21 décembre 2010 régissant les communications électroniques au Cameroun.

Loi N°09-04 du 5 aout 2009 portant règles particulières relatives à la prévention et à la lutte contre les infractions liées aux technologies de l'information et de la communication en Algérie,

Loi N°2008/11 du 25 janvier 2008 portant sur la cybercriminalité au Sénégal

Loi n° 2005/007 du 27 juillet 2005 portant Code de procédure pénal au Cameroun

B- INSTRUMENTS JURIDIQUES INTERNATIONAUX

1) Conventions multilatérales, régionales et communautaires

Convention de sauvegarde des Droits de l'Homme et des Libertés fondamentales telle qu'amendée par les protocoles n° 11 et n° 14 adoptée à Rome le 4 novembre 1950 et entrée en vigueur le 1er juin 2010

Convention de l'Union africaine sur la cybersécurité et la protection des données à caractère personnel adoptée par la 23e Session ordinaire de la Conférence de l'Union à Malabo le 27 juin 2014.

Protocole additionnel à la Convention sur la cybercriminalité, relatif à l'incrimination d'actes de nature raciste et xénophobe commis par le biais de systèmes informatiques adopté à Strasbourg le 28 janvier 2003.

2) Résolutions et Règlements

Résolution n° 55/63 de l'Assemblée générale des Nations Unies sur la lutte contre l'exploitation des technologies de l'information à des fins criminelles, adoptée en séance plénière le 4 décembre 2000.

VII- LIENS ÉLECTRONIQUES

https://www.un.org/french/events/10thcongress/2088hf.htm.

http://news.bbc.co.uk/2/hi/science/nature/738537.stm

https:// www.breachlevelindex.com/pdf/Breach-Level-Index-Annual-Report-2014.pdf.

https://actu.dalloz-etudiant.fr/a-la-une/article/quest-ce-qu-un etat/h/cc2b7dbab75f95b0db 74949daa76f12c.html.

https://antic.cm/index.php/fr/cybersecurite/cybercriminalite/96-l-agence?start=6

https://blockchainfrance.net/decouvrir-la-blockchain/c-est-quoi-la-blockchain

https://books.openedition.org/septentrion/16085?lang=fr

https://definir-tech.com/info/3862/quels-sont-les-5-elements-de-base-qui-composent-un-ordinateur.

https://doi.org/10.4000/terminal.3226.

https://fr.wikipedia.org/wiki/%C3%89tat.

https://fr.wikipedia.org/wiki/Bonnes_m%C5%93urs.

https://fr.wikipedia.org/wiki/Cheval_de_Troie_(informatique).

https://fr.wikipedia.org/wiki/Hacker_(s%C3%A9curit%C3%A9_informatique).

https://fr.wikipedia.org/wiki/Technologies_de_l%27information_et_de_la_communication #cite_note-9.

https://newsroom.fb.com/news/2018/04

https://www.annabac.com/annales-bac/la-fonction-de-l-État-est-elle-de-nous-proteger

https://www.antic.cm/index.php/fr/l-agence/presentation.html.

https://www.dgsn.cm/wp-content/uploads/2020/01/Depliant-cybercriminalit%C3%A9.pdf

https://www.dgsn.cm/wp-content/uploads/2020/01/Plaquette-journee-porte-ouverte.pdf

https://www.larousse.fr/dictionnaires/francais/p%C3%A9nal/59154.

https://www.larousse.fr/dictionnaires/francais/r%C3%A9pression/68493.

https://www.minpostel.gov.cm/index.php/fr/actualites/384-lutte-contre-la-cybercriminalite-le-combat-se-poursuit-en-chanson

https://www.osidimbea.cm/entreprises/a-capitaux-publics/art/.

https://www.toupie.org/Dictionnaire/État_de_nature.htm.

https://www.un.org/french/events/10thcongress/2088cf.htm

https://www.village-justice.com/articles/harcelement-sur-internet-definition-sanctions.

TABLE DES MATIÈRES

Structures éditoriales du groupe L'Harmattan

L'Harmattan Italie
Via degli Artisti, 15
10124 Torino
harmattan.italia@gmail.com

L'Harmattan Hongrie
Kossuth l. u. 14-16.
1053 Budapest
harmattan@harmattan.hu

L'Harmattan Sénégal
10 VDN SICAP AMITIE 3
BP 45034 Dakar-Fann
direction@senharmattan.com

L'Harmattan Cameroun
Tsinga/Derrière polyclinique FECAFOOT
BP 11486 Yaoundé
Jacques.koukam@harmattan.fr

L'Harmattan Burkina Faso
Villa 281, secteur 23 623, rue 14.32
Ouagadougou
zagbie@outlook.fr

L'Harmattan Guinée
Almamya, rue KA 028 OKB Agency
BP 3470 Conakry
harmattanguinee@yahoo.fr

L'Harmattan RDC
185, avenue Nyangwe
Commune de Lingwala – Kinshasa
matangilamusadila@yahoo.fr

L'Harmattan Congo
219, avenue Nelson Mandela
BP 2874 Brazzaville
deunovmikhael@gmail.com

L'Harmattan Mali
Immeuble Mgr Jean Marie Cissé
Aci Hamadallaye
BP 145 Bamako
syllaka@yahoo.fr

L'Harmattan Togo
Djidjole – Maison Amela
face EPP BATOME
02 BP 20680 Lomé
didieramela11@gmail.com

L'Harmattan Côte d'Ivoire
Résidence Karl – Cité des Arts
Abidjan-Cocody
03 BP 1588 Abidjan
harmattan.ivoire@gmail.com

L'Harmattan Bénin
Rue 604, (Immeuble à l'entrée
de la rue UCAO- Cite de Saint-Jean)
Cotonou
stepcorpus@gmail.com

Nos librairies en France

Librairie internationale
16, rue des Écoles
75005 Paris
librairie.internationale@harmattan.fr
01 40 46 79 11
www.librairieharmattan.com

Librairie des savoirs
21, rue des Écoles
75005 Paris
librairie.sh@harmattan.fr
01 46 34 13 71
www.librairieharmattansh.com

www.ingramcontent.com/pod-product-compliance
Lightning Source LLC
LaVergne TN
LVHW010923061026
849535LV00007B/2200